Phil Healey und Rick Glanvill

Moderne Mythen

Der Pudel in der Mikrowelle

Aus dem Englischen von
Ronald M. Hahn

Eichborn.

Die Originalausgabe erschien unter dem Titel URBAN MYTHS bei Virgin, Publishing Ltd., London.

Die Deutsche Bibliothek – CIP-Einheitsaufnahme

Healey, Phil:
Moderne Mythen : Der Pudel in der Mikrowelle / Phil Healey ;
Rick Glanwill. [Aus dem Engl. von Ronald M. Hahn]. –
Frankfurt am Main : Eichborn, 1994
ISBN 3-8218-0432-7
NE: Granvill, Rick:

Umschlaggestaltung: Rüdiger Morgenweck
Lektorat: Lektoratsbüro Bonn
Gesamtproduktion: Fuldaer Verlagsanstalt GmbH, 36003 Fulda
ISBN 3-8218-0432-7
Verlagsverzeichnis schickt gern:
Eichborn Verlag, Kaiserstraße 66, 60329 Frankfurt am Main

INHALT

EINFÜHRUNG

Dieses Buch ist eine Sammlung von Großstadt-Sagen, Legenden und kaum glaublichen Erzählungen. Auch wenn es Ihnen nicht bewußt ist, haben Sie unterhaltsame Geschichten dieser Art möglicherweise schon gehört: Sie sind zwar schlüpfrig, unwahrscheinlich, bizarr und furchteinflößend, doch auf eigenartige Weise moralisch. Meist werden sie von jemandem erzählt, der behauptet, die Menschen zu kennen, die sie erlebt haben – zumindest aber hat er Freunde, die sie kennen. Ist diese Verbindung erst einmal zustandegekommen, möchten wir ihm alle aus irgendeinem Grund glauben, selbst wenn die Erzählung noch so weit hergeholt und lächerlich klingt.

Wie alle guten Lügengeschichten klingen auch Großstadt-Sagen irgendwie schaurig wahr. Schließlich könnte es einem leicht selbst passieren, daß man (wie in *Der Nachttopf)* einen bis zum Rand gefüllten Nachttopf durch das Glasdach eines Wintergartens fallen läßt, mitsamt der Toilette (wie in *Der Donnerbalken)* in die Luft fliegt oder feststellt, daß einem (wie in *Es grünt so grün)* eine Tomatenpflanze ins Gehirn wächst. Und dies sind nur wenige der an Pointen reichen Schicksalswendungen, von denen diese amüsanten und auch warnenden Geschichten erzählen, die durch zahllose Wiederholungen ausgeschmückt und bearbeitet und hier, in der umfangreichsten Großstadtsagensammlung, zusammengestellt werden.

In einer von Klatsch und Tratsch besessenen Gesellschaft stellen Großstadt-Sagen die besten Geschichten überhaupt dar, die man unbegründet erzählen kann. Man hört sie überall dort, wo es Zuhörer gibt – in der verräucherten Kneipe ebenso wie auf der schicken Dinnerparty.

Steht man freilich vor der Frage, was Großstadt-Sagen überhaupt zu modernen Mythen werden läßt, so kann man möglicherweise einfacher sagen, was sie *nicht* sind. Wie der Begriff schon andeutet, gehören sie nicht zur ländlichen Folklore. Ihre Neurosen sind eher die des industriellen Betondschungels als die des Dorfes auf dem Lande. Taucht Mutter Natur in einer Großstadt-Sage auf, begegnen ihr die Städter mit großem Mißtrauen oder Geringschätzung – und aus gutem Grund, wie *Das tote Kaninchen* und *Die gefräßige Eule* eingehend beweisen.

Großstadt-Sagen sind keine Witze, auch wenn manche mit bösartigen Pointen aufwarten. Sie sind auch keine Gruselgeschichten, obwohl manche einem Schauer über den Rücken jagen. Sie sind auch nicht wahr, auch wenn man sie eventuell auf irgendwelche Ereignisse zurückführen kann, die der Vergessenheit anheimgefallen sind. Großstadt-Sagen umspannen alle diese drei Kategorien und mehr; sie sind Bestandteil einer reichhaltigen mündlichen Überlieferung, die uns alle an irgend etwas erinnert.

Großstadt-Sagen haben meist einen gemeinsamen Nenner: Fast alle sind ein Beweis für die Eitelkeit, Dummheit und Findigkeit des Menschen und zeigen, daß er die Wirklichkeit nur halbwegs im Griff hat. Großstadt-Sagen setzen unserer Paranoia und unseren irrationalen Ängsten zu, speziell dann, wenn es um die Rituale des Lebens geht: Heirat, Saufen, Arbeit, Anmache, das Feiern von Partys, das Ausgehen zum Essen, Autofahren, Sterben, Heimwerken und – das Gefährlichste überhaupt – den Gang zur Toilette.

Großstadt-Sagen können geschliffene Anekdötchen sein, aber auch Kalauer oder vage Berichte über Wildkatzen auf Vorstadtwiesen, doch warten sie stets mit unerwarteten Wendungen auf, die das gemütliche Bild zerdeppern. Je öfter Geschichten dieser Art variiert und weitererzählt werden, desto beißender werden sie. Das ist das Schöne an den Großstadt-Sagen: Man findet sie in der Nachbarschaft ebenso wie in der weiten Welt; sie veralten nicht, sondern werden permanent auf den neuesten Stand gebracht, so daß ihre Aktualität erhalten bleibt. Ein Beweis für die Überzeugungskraft der Großstadt-Sage ist, daß viele schon seit Generationen existieren und über alle Alters-, Klassen-, Rassen- und Geschlechtsschranken hinweg erzählt werden.

All dies hat die Großstadt-Sage zu einem Fundus der Revolverblätter werden lassen. Wenn im Sommer die Sauregurkenzeit ausbricht, erscheinen Geschichten wie *Ein Knecht von echtem Schrot und Korn, Der Hund am Steuer* und *Taranteln in der Yuccapflanze* regelmäßig als anonym verfaßte Seitenfüller.

Dies gehört zum Bestandteil des Lebenszyklus mancher Großstadt-Sage. Eine Meldung, an die man sich vage erinnert, steht in der Zeitung oder wird im Rundfunk erwähnt, und mit der Verzerrung, wie sie bei Spielen wie »Stille Post« üblich ist, wird sie mündlich weitergegeben, bevor sie eine Saison später – ganz auf die aktuelle Lage zugeschnitten – erneut in der Presse erscheint.

In den modernen Mythen kommt auch Unbewußtes zum Ausdruck: Die Welt der Sagen ist eine Welt tiefverwurzelter Ängste und Vorurteile sowie sittlicher und gesellschaftlicher Warnungen. Die Großstadt-Sage predigt Maßhalten in jeder Lebenslage *(Blaulicht heißt Gefahr);* Vertrauen in den Fachmann *(Selbst ist der Mann);* daß es sich nicht auszahlt, seiner Klasse untreu zu werden *(Das rechte Wort);* daß neue Techniken Fluch oder Segen sein können *(Autopirat);* daß man zwar clever sein soll, aber zu clever nun wieder auch nicht *(Der intrigante Geldautomat),* und daß man, wenn man das Gesetz schon brechen muß, Glück braucht *(Rückwärts auf der Überholspur).* Und daß wir in einer Welt leben, in der man nichts und niemandem trauen kann – am wenigsten sich selbst.

Großstadt-Sagen sind Erzählungen, die Kontakte knüpfen. Sie bringen sofort eine Unterhaltung in Gang, vertreiben die Langeweile in der Kneipe und erfordern im Gegensatz zum Witz wenig erzählerisches Geschick: Ihr Inhalt ist allgemein auch ohne Tanz- und Gesangseinlagen ulkig genug.

Dieses Buch dient aber auch einem anderen Zweck. Großstadt-Sagen sind ein Sicherheitsventil für unsere unlogischen Phobien. Der abgrunddoofe Stümper ist uns allen lieb und wert, und Schadenfreude ist die reinste Freude, wenn jemand offenkundig mit Pech behaftet und viel schlimmer dran ist als man selbst – und das ist nun mal bei den meisten hier vorgestellten Pechvögeln der Fall.

Healeys und Glanvills *Moderne Mythen* sind keine soziologische Studie, sondern eher ein Lob der Findigkeit und Lebenskraft einer lebendigen mündlichen Tradition. Wir haben dem gewissenhaften Sammeln dieser geistsprühenden Gesprächsstoffe viele Stunden geopfert und waren manchmal gegen unseren Willen gezwungen, ganze Abende in üblen Kaschemmen und zotiger Gesellschaft zu verbringen. Wir können nur hoffen, daß Sie ebensoviel Spaß beim Lesen und Weitererzählen dieser Geschichten haben, wie wir beim Sammeln hatten.

GROSS-
STADT-KLASSIKER

Beliebte Geschichten, die jeder erzählt

Die folgenden Erzählungen sind allgemein verbreitete Sagen, die man im ganzen Land immer wieder hört – beliebte Dauerbrenner bei jedermann, ob es sich nun um Kinder auf dem Spielplatz oder Pensionäre beim Abendessen handelt. Aus irgendeinem kuriosen Grund sind in diesem Kapitel gewalttätige Irre überrepräsentiert – möglicherweise deswegen, weil der gruselige Hintergrund diese Geschichten einprägsamer oder schwerer vergeßlich macht. Die folgenden archetypischen Geschichten sind altehrwürdige Evergreens und stellen den Kern der Großstadt-Sage dar. Sie umspannen das gesamte Spektrum bunter Lügengeschichten – vom haarsträubenden Fall gesellschaftlicher Schande bis zu unappetitlichen Episoden, bei denen dumme Viecher eine Rolle spielen.

Die behaarte Hand

Ein alter Schulfreund meines Onkels war eines späten Abends auf der Heimfahrt von Whitechapel nach Barking. Um diese Zeit herum hatte es eine Reihe von brutalen Überfällen auf Frauen gegeben, die spät abends auf den Bus warteten, und außerdem hatte sich in der Gegend, in der er sich aufhielt, früher der berüchtigte Jack the Ripper seine Opfer gesucht. Es war dunkel, das Wetter war unter aller Sau. Es war windig und goß in Strömen, und als er durch Stepney fuhr, sah er eine Frau unter dem Schutzdach einer Bushaltestelle stehen. Da ihm der Verbrecher einfiel, wollte er anhalten und sie ein Stück in ihre Richtung mitnehmen. Er blieb also stehen, und die patschnasse Gestalt stieg ein. Während er sich erfolglos bemühte, mit seinem Fahrgast ein

Gespräch anzufangen, fiel ihm auf, daß die Gestalt ziemlich kräftig gebaut war und offenbar nicht mit Make-up umgehen konnte.

Nachdem all seine Versuche kaum mehr als ein Grunzen erzeugt hatten, sah er sich seinen Fahrgast genauer an – und bemerkte zu seiner Bestürzung, daß die Hände der Gestalt, die eine Handtasche umklammert hielten, extrem behaart und muskulös waren. Je länger er die neben ihm sitzende Gestalt musterte, desto mehr geriet er in Panik.

Da dachte er sich einen Plan aus. »Könnten Sie mal eben aussteigen«, bat er, »und die Rücklichter überprüfen? Mich hat gerade ein Wagen angeblinkt; ich glaube, sie funktionieren nicht richtig.« Die finstere Gestalt gehorchte. Der Fahrer riß die Tür zu, trat fest aufs Gaspedal und raste zum nächsten Polizeirevier. Als er mit kreischenden Bremsen dort anhielt, bemerkte er, daß die »Frau« ihre Handtasche auf dem Beifahrersitz vergessen hatte. Er reichte sie den Polizisten, denen er völlig aufgelöst sein Erlebnis erzählte.

»Sieht aus, als hätten Sie unheimliches Glück gehabt, Sir«, sagte der Wachhabende und zog ein glänzendes, blutbeflecktes Beil aus der Handtasche.

Der würgende Pitbull

Ich habe von einem Ehepaar aus Glasgow gehört, das eines Abends ausging. Als die beiden später nach Hause zurückkehrten, wurden sie von ihrem Pitbull-Terrier begrüßt, der jedoch zurückhaltender als üblich auf sie wirkte. Dann rülpste er und fing an zu würgen. Sie schlugen ihm fest auf den Rücken, aber es nützte nichts. Also suchten sie einen Tierarzt, der Notdienst hatte, und eilten mit dem Hund zu ihm.

Der Tierarzt öffnete das Maul des Pitbulls, warf einen Blick hinein und sah, daß etwas in seiner Kehle feststeckte. Da der Hund sehr gereizt war, gab er ihm ein Betäubungsmittel und entfernte das Hemmnis. Es zeigte sich, daß es sich um zwei Finger handelte.

»An Ihrer Stelle würde ich die Polizei anrufen«, sagte der Tierarzt und reichte dem Ehepaar das Telefon.

Die beiden eilten heim, wo die Polizei das Haus sofort auf den Kopf stellte. Im Schlafzimmer des ersten Stocks stießen sie auf eine zum Wandschrank führende Blutspur. In ihm kauerte ein glückloser Einbrecher, der seine verstümmelte Hand umklammerte und aufgrund des Blutverlustes in Ohnmacht gefallen war.

Der Pudel in der Mikrowelle

Eine reiche ältere Dame aus Harrogate ging gerade mit ihrem Pudel Gassi, als ein heftiger Wolkenbruch auf sie niederprasselte. Sie eilte ins Haus zurück, und da sie sich um ihren verzärtelten Pudel sorgte, wollte sie ihn so schnell wie möglich trocknen und aufwärmen. Sie brachte ihn sofort in die Küche, öffnete zum ersten Mal das Türchen des neuen Mikrowellenherds ihrer Tochter, schob ihn hinein und stellte das Gerät auf eine niedrige Stufe ein. Dann tätschelte sie den Kopf des Pudels, schloß vorsichtig das Türchen und ließ es einrasten.

Die alte Dame war gerade damit beschäftigt, sich das Haar zu fönen, als der arme Hund explodierte und das Türchen des Mikrowellenherds abriß.

Dies ist eine in der Klatschpresse äußerst beliebte Geschichte. Hin und wieder erzählt man auch die LP-Version, in der erklärt wird, daß die Frau den pechbehafteten Hund in den Mikrowellenherd setzt, weil sie ihn zuvor stets ein bis zwei Minuten in ihren alten Backofen schob, wenn er naß geworden war. Die Geschichte greift eine andere wieder auf: die über den Babysitter, der den Kopf eines Kleinkindes eine Minute lang in den Gasofen hält, damit es wieder ins Land der Träume zurückkehrt. Manchmal fügt man auch boshaft hinzu, die Frau habe den Hersteller des Hi-Tech-Geräts wegen des Unfalls verklagt – und den Prozeß gewonnen, weil in der Bedienungsanleitung nirgendwo steht, daß man im Inneren solcher Geräte keine Pudel trocknen darf [siehe **Technophobien***].*

Die verschwundene Anhalterin

Der Freund eines Freundes von mir fuhr gerade über die A1 nach London, als er an einer jungen Frau vorbeikam, die am Straßenrand stand. Er hielt an und fragte, ob er sie mitnehmen könne. Sie stieg wortlos in den Wagen. Da sie ihm ziemlich gut gefiel, wollte er eine Unterhaltung mit ihr anfangen, aber sie sagte kein Wort – nicht einmal, wo sie abgesetzt werden wollte. Als sie an eine Kreuzung kamen, zeigte sie ihm die Richtung mit der Hand. Vor ihrem Haus nickte sie ihm nur zu und stieg aus. Er fuhr verärgert weiter.

Ein paar Tage später, als er etwas in seinem Wagen suchte, fand er einen Damenmantel. Da er wußte, daß er der Anhalterin gehörte, fuhr er die Strecke noch einmal ab, um ihn zurückzugeben. Als er an die Haustür klopfte, öffnete ihm eine alte Dame. Er reichte ihr den Mantel und erklärte, daß er ihn der jungen Frau zurückgeben wolle. Da brach die Frau in Tränen aus. »Ja, es ist der Mantel meiner Tochter«, brach es aus ihr hervor, »aber sie ist vor fünf Jahren auf der A1 umgebracht worden.«

Die Skinheads von Edinburgh

Der Schwager eines Fernsehproduzenten fuhr in seinem piekfeinen Kombiwagen mit Frau und Kindern auf ein Wochenende nach Edinburgh. An einem Tag ihres Aufenthalts stellten sie den Wagen im Stadtzentrum ab und machten eine Besichtigungstour.

Als sie zu ihrem Auto zurückkehrten, stellten sie leicht besorgt fest, daß es von etwa einem Dutzend aggressiv aussehender Skinheads umlagert wurde, die teilweise sogar auf der Kühlerhaube hockten. Vielleicht hat der Schwager mit Kanonen auf Spatzen geschossen, aber als er sah, wie widerwillig die Typen sein schönes Auto freigaben, platzte ihm der Kragen. Die Situation zwischen ihnen wurde ziemlich haarig, also sprangen die Frau und die Kinder in den Wagen und verschlossen die Türen. Als er schließlich selbst in seinen Wagen sprang, die Tür zuknallte und abfuhr, sah es so aus, als sei man einer bösen Situation gerade noch einmal entgangen. Am Anfang fuhr er langsam, um zu demonstrieren, daß er keine Angst hatte.

Aber damit war die Sache noch nicht ausgestanden. Seine Kinder machten ihn darauf aufmerksam, daß ein Skinhead hinter ihnen herlief und wüste Obszönitäten schrie. Der Fahrer gab etwas mehr Gas, aber der Skinhead gab nicht auf und schrie wie ein Irrer. Also machte der Fahrer Bleifuß, und der Wagen zischte mit etwa achtzig Sachen ab.

Obwohl der Skinhead sich nun wie völlig durchgedreht aufführte, verfolgte er sie weiter, und der Fahrer fragte sich, wie er das machte. Schließlich knallte der Skinhead auf die Straße, und die Familie zischte ab. Nach ein paar Kilometern hielt der Mann schweißgebadet an und stieg aus, um nachzusehen, ob die Skinheads das Fahrzeug beschädigt hatten. Zu seiner Überraschung war alles in Ordnung – aber in der Stoßstange hatten sich drei abgetrennte beringte Finger mit den eintätowierten Buchstaben »L«, »O« und »V« verfangen . . .

Der Babysitter

Ich kannte mal eine gut betuchte Familie in Sheffield, für die ein Babysitter arbeitete. Eines Abends bekam sie mehrere beunruhigende Anrufe: Zuerst hörte man nur jemanden keuchen, doch als der Anrufer dann drohte, er werde die Familie ermorden, und ihr klarmachte, daß er wußte, wo sie war, rief sie die Polizei an. Sie befand sich in einem großen Haus, in dem es ohnehin unheimlich genug war.

Die Polizei reagierte beispielhaft. Man sagte, man werde die Anrufe zurückverfolgen; die Familie sollte den Kerl beim nächsten Mal in eine Unterhaltung verwickeln. Kurz darauf klingelte wieder das Telefon. Es war der gleiche Anrufer, also hielt sie ihn so lange wie möglich hin – auch dann noch, als er die schrecklichsten und schweinischsten Dinge sagte. Er hatte kaum aufgelegt, als das Telefon wieder klingelte. Die Polizei war am Apparat.

»Verschwinden Sie sofort aus dem Haus!« schrie ein Beamter. »Wir haben den Anruf zurückverfolgt! Er kommt von einem Zweitanschluß in dem Haus, in dem Sie sind. Der Irre sitzt im ersten Stock!«

Variationen dieses Themas sind der Stoff, von dem seit Jahrzehnten billige Horrorfilme leben. Hin und wieder, wie in dem Audrey-Hepburn-Film Warte, bis es dunkel ist, *ist die bedrohte Frau blind, oder der Anrufer ist selbst Polizist.*

Der Haken

Vor vielen Jahren war ein Liebespärchen am Stadtrand auf einem beliebten Vögelweg zugange. Das Radio war eingeschaltet, und im Wagen waren die Scheiben mächtig beschlagen. Als eine ernste Stimme die Unterhaltungssendung unterbrach, um bekanntzugeben, eine nahegelegene Anstalt für kriminelle Geisteskranke habe den Ausbruch eines mörderischen Irren gemeldet, wurden die beiden aus ihrer Umarmung gerissen. Der Mann sei äußerst gefährlich, hieß es, man sollte sich ihm unter keinen Umständen nähern. Die Meldung besagte weiter, er sei leicht identifizierbar, und zwar an einem absolut unveränderlichen Kennzeichen: Er hatte anstelle der Hand an einem Arm einen Haken.

Die Meldung ließ es der jungen Frau eiskalt über den Rücken laufen, und ihre Liebesglut erkaltete gründlich. Sie verlangte, sofort nach Hause gebracht zu werden. Der junge Mann warf stinksauer den Motor an und fegte mit ungeheurem Affenzahn zu ihrem Elternhaus zurück. Dort angekommen, stieg er, gut erzogen, wie er war, aus und umrundete das Auto, um seiner Freundin die Tür zu öffnen. Dann packte ihn das kalte Grausen, denn er sah, daß an ihrem Türgriff ein Eisenhaken baumelte.

Der Irre auf dem Dach

Ein Mädchen, das jemand an unserem College kannte, fuhr eines Abends mit seinem Freund in dessen Auto durch den New Forest, als der Motor plötzlich stotterte und der Wagen stehenblieb. Ihnen war am Ende der Welt der Sprit ausgegangen. Zuerst glaubte sie, es wäre ein geplanter Trick des Typs, um ihr an die Wäsche zu gehen, doch der belämmerte Ausdruck seines Gesichts belehrte sie eines besseren. Draußen war es pechschwarz; das einzige Licht, das man sehen konnte, kam offenbar von einem mehrere Kilometer entfernt liegenden Land- oder Krankenhaus. Der Junge sagte, sie solle die Türen verschließen und warten, bis er Hilfe geholt hätte.

Stunden vergingen. Da er nicht wieder auftauchte, wurde sie allmählich nervös. Nachdem noch mehr Zeit vergangen war, wurde sie von einem entsetzlichen Gepolter am Heck und auf dem Wagendach erschreckt. Bevor sie auch nur schreien konnte, wurde der Wagen von Polizeiautos mit Blaulicht und lauten Martinshörnern umstellt.

Eine Stimme, die durch ein Megaphon kam, rief ihr zu: »Steigen Sie langsam aus, kommen Sie zu uns, bleiben Sie nicht stehen und drehen Sie sich nicht – ich wiederhole: *nicht* – um!« Sie folgte der Anweisung, doch als sie die Polizisten erreicht hatte, nahm ihre Neugier dermaßen Überhand, daß sie sich umdrehte, denn sie wollte wissen, wer den irrsinnigen Krach auf dem Autodach erzeugte ... Und sie sah einen entflohenen Psychopathen, der mit dem abgeschnittenen Kopf ihres Freundes auf das Wagendach einschlug.

Die obige Geschichte kursiert auf jedem Schulhof und ist auf jede vorstellbare Region zugeschnitten. Oft ist das Paar jung verheiratet; manchmal spielt die Geschichte in Frankreich, wo es von britischen Leichen offenbar nur so wimmelt. Lesen Sie weiter ...

Rollt Oma in den Teppich ein

Eine Familie aus Surrey wollte in Frankreich Urlaub machen und ihre alte Oma mitnehmen. Oma fiel während der ganzen Ferien nichts anderes ein, als an allem rumzumeckern. Nun, nicht während des *ganzen* Urlaubs, da sie nämlich nach einem Teil desselben verstarb.

Da die Familie meinte, es wäre Oma bestimmt nicht recht, in fremder Erde begraben zu werden, traf sie alle Vorbereitungen für die Heimreise. Da man jedoch wußte, daß man ihnen beim Zoll und anderswo einen Haufen Probleme aufhalsen würde, wurde beschlossen, Oma zu verstecken. Also kaufte man einen billigen Teppich und rollte ihren faltigen kleinen Leichnam darin ein. Da Oma nun zu steif war, um auf einen Autositz zu passen, wurde sie auf den Dachgepäckträger geschnallt. Und so chauffierte man sie in strömendem Regen und heißem Sonnenschein zwei Tage lang durch Frankreich, mit der Fähre über den Ärmelkanal und schließlich nach Hause.

Obwohl die Familie ohne Zwischenfall zu Hause ankam, mußte sie, als sie nach einem wohlverdienten Täßchen Tee hinausging, zu ihrem Entsetzen feststellen, daß der Wagen gestohlen worden war: Teppich, Oma und alles andere inklusive. Und nichts davon wurde je wiedergefunden.

Uns sind zahlreiche internationale Versionen dieses klassischen Dilemmas zu Ohren gekommen. In den Staaten geht die Reise nach Mexiko, in Spanien nach Portugal . . .

Insekten auf Durchreise

Eine Frau, die Freunde unserer Familie gut kennen, war ein Globetrotter-Typ und reiste ständig in exotische Gegenden. Einmal hatte sie sich aufs zentralamerikanische Guatemala versteift. Sie reiste mit einem Unternehmen, das Abenteuerreisen veranstaltete und die Touristen in die Wildnis im Landesinneren brachte. Die Leute mußten sich mit Buschmessern durch den Dschungel schlagen und nachts – von den Geräuschen des Regenwaldes umgeben – in Zelten schlafen. Da die Frau ein zäher Knochen war und sich durchzusetzen wußte, ließ das reichlich vorhandene Gekrabbel und Gewürm sie völlig kalt. Ihrer Meinung nach hatte sie den tollsten Urlaub aller Zeiten gehabt.

Wieder im heimatlichen England, fiel ihr auf, daß ein Insektenstich, den sie am Anfang der Dschungelreise in die Wange bekommen hatte, nicht heilte und allmählich anfing zu jucken. Sie behandelte ihn mit etwas Salbe und vergaß die Sache.

Doch nach ein paar Tagen sah die Schwellung noch schlimmer aus. Obwohl sie verschiedene Salben aufgetragen hatte, schaute die Frau bald in den Spiegel und sah, daß die ganze Wange rot und entzündet war. Als sie das Jucken irgendwann nicht mehr aushalten konnte, kratzte sie fest an ihrer Wange. Daraufhin platzte die Haut auf – und Hunderte von kleinen Spinnen krabbelten heraus und liefen über ihr ganzes Gesicht.

Was man daraus lernen kann? Daß man unberechenbaren Winz-Arachniden und ihren menschenfeindlichen Gewohnheiten nie trauen darf. Paradoxerweise ist »die Spinne Anansi« in einer klassischen afrikanischen Legende ein einfallsreicher Held, der verehrt wird und dem man nacheifern soll. [Siehe »Taranteln in der Yuccapflanze« in **Des Menschen bester Freund**.]

Der fliegende Ziegenbock

Ein paar Freunde, in Nord-Cornwall auf Angeltour, fischten von der Steilküste aus im Meer. Da die Fische jedoch keine Lust zum Anbeißen hatten und auch sonst nicht viel los war, wanderte einer der Typen in der Gegend herum und fand dabei irgendwo einen alten, halb zwischen den Büschen versteckten Steinbrunnen.

Um seine Tiefe auszuloten, warfen die Jungs einen kleinen Kiesel in den Schacht. Der Stein fiel Echos werfend in den Abgrund und klatschte schließlich leise am Boden auf. Da warfen sie einen dickeren Stein hinunter, und dann einen noch dickeren. Es machte viel mehr Spaß als Angeln.

Dann fand einer der Typen eine lange, angespitzte Eisenstange und warf auch sie in den Brunnen. Im gleichen Moment raschelte es plötzlich im Gebüsch.

Nun erst sahen sie, daß an der Stange eine lange Kette hing, die rasselnd durch das Gras fegte und Triebkraft entwickelte – bis plötzlich ein panisch blökender, an ihr festgebundener Ziegenbock durch die Büsche geflogen kam, an ihnen vorbeiflog und im Inneren des Brunnens verschwand.

Weitere Landschaften, in denen man Hammel-Taktlosigkeiten dieser Art begegnen kann, sind in der Nähe tiefer Gletscherspalten befindliche Wintersportgebiete, der Lake District mit seinen tiefen Schlaglöchern und die felsigen Gefilde Spaniens.

Der Mann auf dem Rücksitz

Eine Frau aus Cardiff, die an einem dunklen Abend allein nach Hause fuhr, näherte sich über eine glitschige Landstraße der M5. Da nicht viel Verkehr herrschte, gab sie ordentlich Gas. Doch als sie an die Autobahn kam, warf sie einen Blick voraus und sah zu ihrem Schrecken etwas auf dem Seitenstreifen liegen, das wie ein kleines Kind aussah. Sie trat auf die Bremse und sprang sofort ins Freie, um nachzusehen, ob sie helfen konnte.

Als sie näher kam, erkannte sie jedoch, daß es sich nur um eine übergroße Puppe handelte. Sie kehrte erleichtert zu ihrem Auto zurück, doch auf dem Weg dorthin tauchte hinter ihr ein ziemlich langsames, schwarzes Fahrzeug auf, das ihr mit dem Fernlicht zublinkte. Da ihr dies unheimlich vorkam und sie Angst hatte, die Sache könne böse ausgehen, beschloß sie, so schnell wie möglich nach Hause zu fahren.

Doch als sie abfuhr, blieb der andere Wagen hinter ihr, verfolgte sie über jeden Umweg und ließ fortwährend die Scheinwerfer aufblinken. Da wurde ihr klar, daß die Situation äußerst bedrohlich war, und da sie allein wohnte, fuhr sie zu einer Freundin. Nun versuchte der andere Wagen, sie zu überholen. Am Steuer saß eine dunkle Gestalt, die aggressiv mit den Armen fuchtelte.

Schließlich stoppte sie vor dem Haus ihrer Freundin und stürzte ins Freie. Der Typ aus dem anderen Wagen sprang auf die Straße, rannte auf sie zu und schrie: »Warten Sie! Ich wollte Sie nur warnen! Als Sie auf der Straße angehalten haben, ist jemand in Ihren Wagen gestiegen.« Sie sahen sich beide um und erblickten einen dürren, verwahrlost gekleideten Mann, der über die Straße hastete.

Dies ist eine typische Großstadt-Legende über die Gefahr des voreiligen Ziehens von Schlüssen und die Erkenntnis, daß Bedrohungen gelegentlich aus Richtungen kommen, aus denen man sie nicht erwartet.

Der Nachttopf

Einer meiner College-Freunde hatte eine reiches Mädchen kennengelernt und wurde zu einer Party in ihr »Landhäuschen« eingeladen. Er sagte zu und freute sich darauf, endlich zu erfahren, wie die andere Hälfte der Menschheit lebt.

Das Haus war toll, ein echt hochherrschaftlicher, grundsolide gebauter Kasten, und lag auf einem riesigen Grundstück. Mein Freund fühlte sich zwar dort etwas fehl am Platze, aber er amüsierte sich und war hinterher so blau, daß man ihn in sein Zimmer im zweiten Stock tragen mußte.

Mitten in der Nacht erwachte er mit wahnsinnigen Kopfschmerzen und mußte dringend auf die Toilette. Er wußte zwar, daß unter dem Bett ein Nachttopf stand, weil er sich schon bei der Ankunft über ihn kringelig gelacht hatte, aber er mußte »groß«, und es wäre ihm peinlich gewesen, so etwas auf einem Nachttopf zu tun. Also verließ er das Zimmer und suchte im Labyrinth des Hauses eine Toilette. Er suchte auf dem langen Korridor sämtliche Zimmer ab, doch hinter allen Türen lagen schnarchende Gäste. Also gab er auf und nahm sich vor, den Nachttopf zu benutzen. Nachdem er sich erleichtert hatte, schlief er wieder ein.

Am Morgen wurde er von einer Glocke und dem Ruf geweckt, zum Frühstück zu kommen. Da er aber »klein« mußte, erledigte er zuerst dies. Dann fiel ihm ein, daß er die Toilette jetzt, im nüchternen Zustand, leichter finden würde; da konnte er den Topfinhalt auch wegschütten.

Er ließ den Porzellantopf, dessen Anblick jedermann beleidigt hätte, im Zimmer und sah sich im Korridor um, doch auch diesmal konnte er das WC nicht finden. Also gab er wieder auf, doch da er noch leicht beduselt war, dachte er, er könnte den Inhalt auch unbemerkt aus dem Fenster kippen. Also schob er das Eschenholzfenster hoch, hob den randvollen Nachttopf hoch, beugte sich hinaus und suchte nach einer Stelle, an der er ihn entleeren konnte.

Zu seinem Pech brach der Griff ab. Der Topf fiel an der Hauswand entlang, krachte durch das unter ihm befindliche Glasdach des Wintergartens und verspritzte seinen Inhalt auf dem Frühstückstisch, an dem die anderen Gäste bei Kaffee und Toast saßen.

Der arme Junge warf sich wortlos in seine Kleider, rannte aus dem Haus und ergriff mit seinem Wagen die Flucht.

Doch damit endet die Geschichte noch nicht. Hier ist die Fortsetzung, die manche Leute erzählen . . .

Etwas später wurde ihm klar, daß er sich – ungeachtet des Alkoholeinflusses – abscheulich benommen hatte, und er nahm sich vor, im Laufe der Woche zurückzukehren, um sich bei der Hausherrin zu entschuldigen.

Nach dem Betätigen der protzigen Klingel kam der Butler an die Tür und erklärte, die Hausherrin nehme im Augenblick an einer Versammlung teil; ob es dem jungen Herrn genehm sei, in der Bibliothek auf sie zu warten?

Der junge Held schlenderte nervös in den langweiligen Raum, nahm ein verstaubtes Buch in die Hand und setzte sich auf das Sofa. Beim Hinsetzen hörte er ein Jaulen. Er stand sofort auf, um nachzusehen, worauf er Platz genommen hatte. Bedauerlicherweise war es der Chihuahua der Hausherrin, und der war nun mausetot.

Die »geile« Sekretärin

Ein Chef in den mittleren Jahren, der das Gefühl hatte, daß er in die Jahre kam und seine munteren Tage gezählt waren, gab sich alle Mühe, seinen nächsten Geburtstag – den fünfzigsten – zu vergessen. Offenbar wollte seine Familie es ebenso halten: Beim Frühstück erwähnte niemand den besonderen Tag, und von seiner Frau hörte er sogar, daß sie an diesem Abend ins Theater gehen wollte. Er nahm sich vor, seinen Geburtstag allein vor der Glotze zu verbringen, doch als seine entzückende junge Sekretärin den Vorschlag machte, nach Feierabend mit ihm einen heben zu gehen, stürzte er sich (mit dem Hintergedanken, sich später eventuell auf sie zu stürzen) begeistert auf ihren Vorschlag. Die beiden verbrachten einen netten Abend, und mit jedem Cocktail wurde er schärfer auf sie. Dann machte sie den Vorschlag, ihn nach Hause zu fahren. Dort angekommen, legte er einen Arm um sie und bat sie flehentlich, auf einen Kaffee mit hineinzukommen – so spät war es ja noch nicht.

Im Haus eilte die Sekretärin ihm voraus, schaltete das Licht aus, führte ihn ins Wohnzimmer und teilte ihm mit, er solle dort warten, bis »sein besonderes Geburtstagsgeschenk fertig« sei. Da der Chef damit rechnete, daß dieses Geschenk sexueller Art war, zog er sich eilig aus.

Minuten später, als er splitternackt und in froher Erwartung mit seinem Dödel spielte, gingen plötzlich alle Lampen an.

Er stand vor seiner Familie sowie sämtlichen Freunden und Angestellten, die laut »Überraschung!« schrien.

Ein köstliches Tröpfchen

Ein Handwerkertrupp renovierte ein großes, altes Haus. Die vorherige Besitzerin, eine sehr reiche, alte Frau, hatte den größten Teil ihres Lebens in der Karibik der Kolonialzeit verbracht.

Die neuen Besitzer wollten praktisch alles umbauen, also hatten die Arbeiter den ganzen langen, heißen Sommer hindurch allerhand zu tun.

Die Schufterei nahm jedoch erfreulichere Züge an, als sie in den ersten Wochen in dem verstaubten Keller ein riesiges, mit Rum gefülltes Holzfaß entdeckten. Da die Arbeiter von den Verbindungen des Hauses zur Karibik wußten, bohrten sie ein Loch in das Faß und genehmigten sich diverse großzügige Rationen dessen, was sie für den besten Jamaika-Rum hielten. Nach der Plackerei an einem heißen Tag war es genau das richtige.

Als der Sommer sich dem Ende zuneigte und man letzte Hand an den Umbau legte, verputzten sie auch den Rest des Rums, und da der Keller der letzte Raum war, in dem sie arbeiten mußten, beschlossen sie, das Faß, das ihnen so viel Freude bereitet hatte, in seine Bestandteile zu zerlegen.

Doch als sie das alte Ding mit ihren Hämmern bearbeiteten, machten sie eine grauenhafte Entdeckung: Im Inneren fanden sie die konservierte Leiche des Gatten der alten Dame. Man hatte ihn in dem einzigen Behälter von Jamaika nach Hause überführt, der ihn während der Heimreise garantiert frischhalten würde.

Eine besondere Variante, die uns kürzlich zu Ohren kam, geht folgendermaßen:

Wie jedermann weiß, klauen Hafenarbeiter alles, was nicht niet- und nagelfest ist. Eines Tages wurde im Hafen von Liverpool ein großer Behälter angeliefert. Der Vorarbeiter wies seine Leute an, die Finger von ihm zu lassen, und ließ durchblicken, er wolle dann über ihre sonstigen Diebereien hinwegsehen.

Doch die Verlockung war zu groß, besonders, als die Arbeiter herausbekamen, daß der Behälter mit Flüssigkeit gefüllt war. Sie schlugen schnell einen Zapfhahn hinein, irgend jemand holte einen Krug, und sie stellten fest, daß der Behälter Alkohol enthielt. Kurz darauf waren alle sternhagelvoll.

Als der Vorarbeiter zurückkam, schüttelte er den Kopf und wies die betrunkenen Hafenarbeiter an, den Deckel des Behälters zu öffnen. In seinem Inneren befand sich ein riesiger Stapel amputierter Arme und Beine. Man hatte sie für medizinische Forschungszwecke in Alkohol eingelegt.

TECHNOPHOBIEN

Die schrägen Züge tückischer Maschinen

Hier geht's um die Angst des alten Knackers vor dem Modernen, der jeder Neuerung mit der Ansicht entgegentritt, ein Schraubenschlüssel hätte es auch getan. Die in diesem Kapitel vorgestellten Sagen sind möglicherweise die albernsten und unverständlichsten – teilweise deswegen, weil sie von Menschen beschworen werden, die dem Glauben verhaftet sind, daß die Maschinen uns fertigmachen wollen. Ist man ein winziges Rädchen im Getriebe des Ganzen, kann einem die Vorstellung, in allem seien Mikrochips enthalten, nur noch einen Nervenzusammenbruch bescheren. Eins steht fest: Tückische Maschinen mögen zwar die Arbeitszeit verringern, aber sie tragen auch eindeutig zum Gesichtsverlust bei . . .

Der Donnerbalken

Mein Onkel kennt einen Typ, der ganz verrückt auf Motorräder war. Nachdem er zu etwas Geld gekommen war, gab er es für eine nagelneue Harley Davidson aus.

Die Maschine war sein ganzer Stolz und seine Freude, und er pflegte und polierte sie pausenlos. Er legte den Garagenboden mit einem Teppich aus und prahlte damit, wie pfundig die Karre doch wäre, was sie unter der Haube hätte, wie schnell sie sei und wie toll sie beschleunige. Mit anderen Worten, er lebte nur noch für sein Motorrad.

Eines Tages veranstaltete er bei sich zu Hause eine Party, und seine Freunde wetteten mit ihm, er könne die riesige Maschine niemals die Treppe hinauffahren. Nach ein paar Alsterwässerchen gab der Typ, der natürlich scharf darauf war, ihnen das Gegenteil zu beweisen, Gas und jagte mit der Karre die Treppe hinauf. Auf halber Strecke verlor sie jedoch an Schwung. Die schwere Maschine kippte um, und der Typ brach sich ein Bein. Man brachte ihn ins Krankenhaus, die Maschine blieb in der Küche auf dem Boden liegen.

Als die Frau des Typs aus dem Krankenhaus kam, fing sie an aufzuräumen. Sie wischte das verschüttete Benzin auf, und da sie nicht wußte, wo sie es hintun sollte, schüttete sie es ins Plumpsklosett hinter dem Haus.

Ein paar Stunden später brachte ein Krankenwagen den Typ nach Hause. Sein Bein war bis zur Hüfte eingegipst, und er war echt mieser Laune. Nach einer Tasse Tee mußte er dringend aufs Klo. Da er wegen des Gipsverbandes nicht die Treppe hinaufkam, ging er hinaus, nahm auf dem Donnerbalken im Garten Platz, steckte sich zum Trost eine Lulle an, und das Scheißhaus explodierte.

Da diese Geschichte im Guardian *gestanden hat, muß sie wahr sein.*

Selbst ist der Mann

Ein Typ, der am Rand von Bristol wohnte und auf Heimwerken stand, strich sein Haus an. Das Haus war ein großer Kasten aus den dreißiger Jahren, mit einer Einfahrt. Der Typ hatte sich für die Arbeit ein paar Leitern geliehen, die aber ein Stückchen zu kurz waren, so daß er nicht bis ganz nach oben kam.

Da er keine Lust hatte, auf das nächste Wochenende zu warten, um sich passende Leitern zu borgen, dachte er angestrengt über Möglichkeiten nach, sinnlose Geldausgaben zu vermeiden. Er warf er ein Seil über das Dach und band es an die Stoßstange seines Autos. Dann ging er auf die andere Seite, kletterte an der Hausrückwand hoch und band sich das Seil um den Bauch.

Er wußte allerdings nicht, daß seine Frau beschlossen hatte, noch ein paar Besorgungen zu erledigen. Sie stieg in den Wagen, gab Gas und schleifte ihren hilflosen Männe über das Hausdach bis in den Vorgarten, wo er eine Bauchlandung machte.

Zu den nicht unwesentlichen Flüchen des modernen Elterndaseins gehört das sogenannte Babyphon, jene billige, nicht immer erfreuliche Weiterentwicklung des von Kindern benutzten Walkie-Talkie. Das Babyphon fängt Meldungen von vorbeifahrenden Taxen auf und übermittelt innerhalb einer Reichweite von hundert Metern jedes Gurgeln und sämtliche Nebengeräusche – so daß man glaubt, das Baby werde zugleich von einem Busfahrer, zwei Kötern und einem wie verrückt zischenden Irrsinnigen erstickt. Besorgniserregender ist freilich dies: Schaltet man das Ding nicht ab, wenn man sich im Kinderzimmer aufhält und sich mit dem Baby beschäftigt, verbreitet es eventuell Neuigkeiten, die man eigentlich für sich behalten will.

Monologe im Kinderzimmer

Ein Ehepaar, mit dem ich unten in Brighton befreundet bin, hat kürzlich einen strammen Jungen bekommen. Wie in unserem technischen Zeitalter üblich, haben sie sich ein Babyphon gekauft, damit sie, wenn sie im Parterre sind, hören können, ob der Wichtel pennt, damit sie genau wissen, daß in seinem Bettchen alles korrekt abläuft.

Eines Tages waren sie mit sämtlichen Nachbarn zusammen im Garten und entspannten sich wohlverdient im sommerlichen Sonnenschein. Der mechanische Aufseher war eingeschaltet und belauschte den Kleinen oben in seinem Zimmer. Da die Kinderzimmer-Steckdose ziemlich weit vom Garten entfernt war, hatten sie das Ding auf volle Lautstärke geschaltet.

Das Wetter war schön und warm, und den beiden schien es, als seien sie zum ersten Mal seit Jahrzehnten allein. So führte eins zum anderen, und sie beschlossen, die Gelegenheit zu nutzen und nach oben zu schleichen.

Nach ein paar Minuten hatte die Frau irgendwie das Gefühl, ein Echo ihrer Leidenschaft zu hören, doch sie dachte sich nichts dabei. Dann vernahm sie es wieder – und ihr wurde klar, daß das Babyphon noch eingeschaltet war und die gesamte Nachbarschaft und der Rest der Welt ihr Gestöhn hörte . . . Noch heute schenkt man ihr, sobald sie aus dem Haus kommt, einen wissenden Blick, und manch einer zwinkert ihr auch zu.

Ein anderes Paar erlebte ein ähnlich böses Scharmützel mit dem Elternschnickschnack der Neuzeit: Die Eltern der jungen Mutter waren zu Besuch gekommen, um sich ihren neugeborenen Enkel anzusehen, und dachten offenbar nicht daran, je wieder abzureisen.

Dem Vater des kleinen Bengels lag die Situation ganz besonders im Magen, denn er konnte nicht mehr ausschlafen, mußte den spießigen Schwiegereltern ständig sein Sonntagsgesicht präsentieren, sie zu Hause und im Restaurant beköstigen und sich ihre unmaßgeblichen Ansichten über Gott und die Welt anhören.

Als man sich eines Abends zum Essen hinsetzte, hörte man den Kleinen über das Babyphon quengeln. Die Mutter des Kindes ging hinauf, um nachzusehen, was los war. Ihr Gatte blieb zurück und hörte sich erneut eine Predigt zum Thema »perfekte Eltern« an. Da das Baby immer noch greinte, entschuldigte sich der Vater und ging ebenfalls hinauf. Mit den Nerven am Ende stürmte er ins Zimmer und schrie: »Herrgott, deine Alte hängt mir zum Hals raus! Warum schiebt sie nicht endlich ab?« Erst dann bemerkte er, daß das Babyphon noch eingeschaltet war.

Als sie wieder nach unten schlichen, wurden sie von einer gespenstischen Stille empfangen. Man beendete die Mahlzeit schweigend, und am nächsten Morgen waren die Schwiegereltern verständlicherweise abgereist.

Andere Sätze, von denen wir wissen, daß sie übertragen wurden:
»Ist mir scheißegal, ob wir auf Terrys Geburtstagsfeier sind; er ist und bleibt ein Arsch!«
»He, Schnucki, du bist wirklich viel hübscher als die glubschäugige Schnepfe da unten!«
»Mensch, was 'n dicker Pimmel!«

Nicht nur beim Erzeugen von Gerüchen mit dem Chemiebaukasten oder beim Elektrifizieren von Türklinken mit dem Elektrobaukasten experimentieren unsere lieben Kleinen, wie folgende Auswahl von Halbstarken-Mätzchen zeigt:

Hochmut kommt vor dem Fall

Ein junger Rabauke, gerade aus der Schule entlassen, schloß sich einer üblen Clique an und besoff sich ständig in den Kneipen und Clubs von Bolton. Er war schon in der Schule eine ziemliche Nervensäge gewesen: Er hatte nur Mist im Kopf gehabt, war rotzfrech zu den Lehrern gewesen und pfiff auf die Schulkleidung.

Eines Abends, nach einem besonders üblen Bierbesäufnis – er wankte gerade singend und krakeelend mit seinen Kumpanen nach Hause –, drückte ihm die Flüssigkeitsmenge, die er intus hatte, heftig auf die Blase.

Da er kein schüchterner Typ war, sprang er auf das Geländer der Brücke, die über den Croal River führt, öffnete den Reißverschluß seiner Hose und setzte dazu an, den Inhalt seiner berstenden Blase in den stark verschmutzten Fluß zu entleeren, der unter ihm dahinströmte.

Während er ins Wasser pinkelte, pöbelte er die Leute an, die an ihm vorbeikamen. Er markierte den starken Mann, schrie herum und spielte sich auf, bis er mitten in der Vorstellung den Halt verlor und Hals über Kopf in den rot schäumenden Fluß stürzte.

Als ein Kumpan ihn herauszog, war er tot. Doch, wie die Autopsie ergab, nicht ertrunken: Er war an einem toxischen Schock gestorben . . .

Klar, heutzutage melden die Leute, sie sehen Lachse im Croal River schwimmen. Hoffentlich sind es keine Kotlachse.

Ein schauerlicher Abgang

In der Nähe von Harlow verkehrt eine elektrifizierte Eisenbahn, und in den langen und langweiligen Sommermonaten trieben sich einige Kinder an der Strecke herum. Nachdem sie ihren Ball über den Zaun gekickt hatten, stiegen sie über ihn hinweg, um ihn von den Gleisen zu holen.

Einer der Jungs meinte, es sei ein guter Witz, seinen Schniepel herauszuholen und die Stromleitung anzupieseln, um zu sehen, ob sie dann dampfte. Seine Kumpane traten zurück. Der Junge zielte, schiffte los und wurde in Sekundenschnelle gebraten – der Schniepel zuerst.

Der Motorradfahrer, der den Kopf verlor

Ich kenne einen Typ aus Newcastle, der mir eine Geschichte erzählt hat, die seiner Schwester zu Hause passiert ist. In einem kleinen Ort südlich von York in Yorkshire alberten ein paar Halbstarke mit ihren Mopeds vor der örtlichen Kneipe herum. Die Straße war ziemlich breit, und der Kneipe gegenüber war ein alter, verrosteter Ernteanhänger abgestellt.

Die Jungs waren alle um die siebzehn und fuhren, da sie noch keinen Führerschein hatten, Mofas und Mopeds, die weniger als 125 Kubik hatten, mit L-Nummernschildern. Sie spielten sich vor einigen Mädchen auf, die vor der Kneipe standen, fegten über die Straße von hinten auf den Anhänger zu, gingen in Schräglage und rasten unter seiner Seite her.

Jeder kam mal an die Reihe. Sie machten es pausenlos und kamen dem Anhänger immer näher. Die Mädchen quietschten vor Vergnügen und stachelten die Jungs dazu an, immer schneller zu werden.

Leider verlor ein Fahrer, der volle Pulle fuhr, die Kontrolle und klatschte gegen den hinteren Teil des Anhängers. Er erwischte ihn voll am Hals und riß ihm sauber den Kopf ab. Der abgetrennte Kopf segelte mitsamt dem Helm über die Straße und blieb mit dem Gesicht nach oben vor der kreischenden Mädchenhorde liegen.

Wenn absurde Geschichten über die angeblichen Eigenschaften von Satellitenschüsseln entstehen, bildet nur der Himmel die Grenze, aber die folgenden hat man uns mit echter Angst vor den verfluchten Dingern erzählt. In den kommenden Jahren werden zweifellos viele weitere dieser Geschichten aufkommen – wie immer, wenn neue Technologien sich durchsetzen.

Fachmann bin ich selber

Ein Wettkumpan meines Onkels steht voll auf Technik. Er war der erste in seiner Straße, der eine Super-8-Kamera, einen Videorecorder und einen Camcorder hatte. Er hatte buchstäblich alles als erster. Also überraschte es niemanden, daß er, als die Satellitenschüsseln auf den Markt kamen, als erster im Laden war und dann auf einer wackeligen alten Leiter stand, um seine Neuerwerbung an die Hauswand zu schrauben.

Er ist aber keiner von denen, die solche Arbeiten ordentlich erledigen; ihm geht's nur darum, sie fertig zu kriegen, damit er in die Kneipe gehen und strunzen kann. Der Tag war sehr heiß, ihm wurde ziemlich warm, und er wollte schnell fertig werden. Schließlich bekam er seine widerstrebende Frau dazu, sich vor den Fernseher zu stellen, und er drehte die Schüssel, um den optimalen Empfang hinzukriegen.

Irgendwann rief seine Frau zu ihm hinauf, der Empfang sei so gut wie noch nie. Der Typ meinte natürlich, man könne es noch viel besser machen. Dann ließen sie die Rollos runter und setzten sich hin, um ein bißchen fernzusehen.

Doch drei Stunden später hörten sie eine Sirene und lauten Tumult. Im Haus auf der anderen Straßenseite war Feuer ausgebrochen, und der Nachbar rannte zu ihnen herüber.

»Sie und Ihr blöder Technikfimmel!« schrie er. »Ihre verdammte Schüssel hat das Sonnenlicht gebündelt und unsere Gardinen in Brand gesetzt!«

Ein zweiter Do-it-yourself-Satelliten-Enthusiast stand auf dem Dach seines Hauses und baute die Empfangsanlage auf. Er hatte die Schüssel billig von einem Typ in der Kneipe gekauft, aber ohne Bedienungsanleitung. Er drehte die Schüssel hin und her und rief seiner Frau etwas zu, die vor dem eingeschalteten Fernseher stand. Schließlich meinte er, das Bild sei in Ordnung, und stieg vom Dach, um sich das Top-Fernsehereignis des Abends anzusehen. Am Anfang lief alles perfekt, doch dann flackerte das Bild alle naselang. Der Typ konnte die Sache erst klären, als er auf der anderen Straßenseite vor dem Haus seines

Nachbarn stand und damit angab, er sei nun mit einem Satelliten verbunden. Als er zu seinem Haus hinüberschaute, sah er zwei Tauben, die eine Wasserlache in seiner laienhaft justierten Schüssel als improvisiertes Vogelbad benutzten.

Fax-Terroristen

Die Erfindung des Faxgeräts hat Witzbolden massenhaft neue Gelegenheiten eröffnet. Nun kann man Porträts seines Gesichts, seiner vergrößerten Geschlechtsteile und dreckige Witze direkt ins Büro des Opfers senden. Zwar gibt es schon Fax-»Wurfsendungen« und Fax-Werbung, aber Fax-Food hat bis heute noch keiner erfunden, obwohl die Telefon-Pizza nicht weit entfernt sein kann.

Einer Firma, die ich kenne, hing es dermaßen zum Hals heraus, daß sie von einem Lieferanten so viele dämliche Briefe, Fax-Wurfsendungen und anatomische Details zugeschickt bekam, daß man sich eine neue Rachemethode ausdachte: Man bastelt sich eine Faxrolle, schiebt ein Ende des Blattes – mit einem Totenschädel, gekreuzten Knochen und dem Wort »VIRUS« versehen – in das Gerät, klebt es am anderen Ende fest, so daß eine Rolle entsteht, gibt die Nummer desjenigen ein, dem man es heimzahlen will, und geht nach Hause.

Als das Opfer am nächsten Morgen in sein Büro kam, fand es eine ganze Rolle sinnlos bedrucktes Faxpapier auf dem Boden vor.

Die nächsten Geschichten aus den Gefilden des »höheren Blödsinns« kursieren überall dort, wo Piloten herumsitzen und einen Martini schlürfen. Piloten sind dafür bekannt, daß sie technischen Neuerungen stets mißtrauisch begegnen, da ihr und ihrer Passagiere Wohlergehen von der Zuverlässigkeit der Flugzeug-Technik abhängt. Laut der Aussage eines Ex-Flugzeugingenieurs haben zwar alle Maschinen Risse in den Tragflächen, aber Sorgen muß man sich erst machen, wenn sie zahlreich werden. Nachdem Sie dies verdaut haben, lesen Sie weiter . . .

Der Autopirat

Einem befreundeten Piloten gemäß sind auch die großen Düsenflugzeuge von heute trotz aller Hi-Tech-Computersysteme keinesfalls gegen böse Geister gefeit.

Er kennt eine Crew, die – wie üblich – auf der Route Paris-London mit dem Autopiloten die englische Südküste ansteuerte und über die Navigationsboje hinwegflog, die dem Computer meldete, wo sie waren. Doch statt die Maschine, wie einprogrammiert, geradeaus zu steuern, reagierte der Autopilot auf das Signal, indem er scharf nach Backbord zog.

Die Crew schaltete sofort auf Handsteuerung und versuchte, den geplanten Kurs wieder aufzunehmen, doch der Computer ließ es nicht zu. Die Maschine zog weiter nach Backbord, und der nun ziemlich besorgte Captain ordnete an, das Computersystem abzuschalten. Trotzdem reagierte die Steuerung nicht auf seine Befehle.

Der inzwischen ernstlich besorgte Captain stellte fest, daß die Maschine einen fast vollständigen Kreis gezogen hatte. Er wollte gerade über Funk melden, daß sie in Schwierigkeiten waren, als das Flugzeug zum zweitenmal über die am Boden befindliche Navigationsboje hinwegflog. Der Computer klickte, und der Autopilot setzte einen Kurs, der sie geradeaus nach Heathrow brachte.

Ausgesperrt

Der gleiche Typ weiß von einem anderen Piloten, der einen Privatauftrag für ein paar Geschäftsleute erledigte, indem er einen Luxusjet von Newark in New Jersey nach Norfolk in Virginia flog. Der Flug nach Süden verlief ohne Zwischenfälle, und die Passagiere fanden ihn mit einem netten Sümmchen ab. Da er genügend Zeit hatte, beschloß er, gemächlich zurückzufliegen. Als er in der Luft und auf Kurs war, schaltete er den Autopiloten ein und legte die Beine hoch.

Nach ein paar Minuten fiel ihm ein, daß die Passagiere ein paar Flaschen Champagner in der Heckkombüse zurückgelassen hatten, und er machte sich rasch auf den Weg dorthin. Nach ein paar Gläsern ging er zum Cockpit zurück, wo er zu seinem Ärger feststellte, daß die Tür zugefallen war.

Sein Problem: Die Düsenmaschine war nach den neuesten Gesichtspunkten ausgerüstet und verfügte über sämtliche Anti-Terror-Apparaturen – dazu gehörte auch eine Cockpittür, die man abschließen und nicht von außen öffnen konnte.

Am Anfang machte sich der Pilot keine sonderlichen Sorgen: Die Maschine wurde vom Autopiloten gesteuert, und irgendwie mußte es doch möglich sein, die Tür zu knacken, bevor er Newark erreichte. Aber wenn nicht, fiel ihm plötzlich ein, geht mir der Sprit aus; dann ist mein nächster Haltepunkt die Schneewüste von Neufundland.

Also machte er sich daran, die Tür mit noch mehr Eile zu knacken. Doch ein Angriff mit der Schulter trug ihm nur Schmerzen ein. Eintreten konnte er sie auch nicht. Er geriet in Panik und attackierte sie mit Eßbestecken und Gläsern aus der Kombüse. Trotzdem blieb er aus dem Cockpit ausgeschlossen; er kam nicht an die Steuerung heran.

Nach zwanzig Minuten quälender Fehlschläge fand er endlich einen Feuerlöscher, und es gelang ihm, die Tür einzuschlagen – nur wenige Minuten vor New York.

Das Loch im Jumbo-Jet

Irgendwann in den siebziger Jahren wurde ein Jumbo, der von Frankfurt nach Rom unterwegs war, mitten im Flug gekapert. Die waffenschwingenden Terroristen wollten, daß die Maschine nach Kuba umgeleitet wurde. Die Crew blieb äußerst gelassen, und das galt auch für die Passagiere, obwohl die Luftpiraten sie anschrien und ihre Pistolen schwenkten.

Als nach einer Weile klar wurde, daß die Mannschaft den Terroristen – oder je nach Einstellung: Freiheitskämpfern – geistig überlegen war, wurden die Luftpiraten wütend. Einer von ihnen fing Streit mit einem Passagier an, der mutig zurückschnauzte und mit erhobenen Fäusten auf ihn zuging. Der Luftpirat rastete aus und feuerte in einem zornigen Moment mit seinem Schießeisen auf ihn – einen hünenhaften Deutschen, dem Würstchen und Bier offensichtlich schmeckten.

Die Kugel verfehlte ihn. Sie durchschlug den Rumpf der Maschine, erzeugte ein großes Loch und rief einen sofortigen Druckabfall hervor. Der schießwütige Terrorist wurde wie eine Spaghetti durch das Loch gezogen, und sämtliche Passagiere wurden aus den Sitzen gerissen, da die Maschine trudelte und außer Kontrolle geriet.

Doch der zweite, den das Loch ansaugte, war der bullige Deutsche. Glücklicherweise erreichte er es mit dem Hintern zuerst – einem Körperteil, der breitflächig genug war, um jedes Weiterrutschen zu verhindern –, so daß er die Öffnung verschloß. Die Sauerstoffzufuhr lief wieder normal, die Maschine hörte auf zu trudeln und konnte wie gewohnt landen. Der überlebende Luftpirat wurde auf dem Flughafen festgenommen.

Der Held erhielt zwar eine Belohnung, mußte sich allerdings wegen ernstlicher Erfrierungen seines Hinterns in ärztliche Behandlung begeben.

Das vertrackte Superklo

Als das französische Superklo – die Toilette des Raumfahrtzeitalters, in der man weit mehr als einen Penny läßt und deren Tür in kritischen Momenten aufgeht – in England eingeführt wurde, faßte ein Mann im Londoner Holland Park den Plan, dieses technische Wunder des 20. Jahrhunderts zu benutzen. Er nahm mit der Zeitung in der Hand Platz und bereitete sich auf eine lange Sitzung vor. Als die Zeit abgelaufen war, die Tür aufging und er den Blicken der Öffentlichkeit ausgesetzt war, las er noch immer seine Zeitung. Und er blieb unerschrocken sitzen.

Nun sollte man vielleicht nicht zu erwähnen vergessen, daß das Superklo sich selbst reinigt, daß die Kloschüssel in bestimmten Intervallen mechanisch in ein kleines Wandloch gezogen und dort mit kochendem Wasser geschrubbt wird. Unglücklicherweise funktionierte es genau so. Der Toilettenbenutzer verklemmte sich in den Mechanismus, er wurde verbrüht und beinahe in zwei Hälften geschnitten. Ein vorbeikommender Bobby erblickte die die Bedürfnisanstalt umgebende Menschenmenge und schlug Alarm, doch der Krankenwagen kam zu spät. Der Mann war verblutet.

Was für ein Abgang.

Die Technik, mit der Kreditkarten und Geldautomaten arbeiten, ist für Laien undurchschaubar und hat zu einem Wirrwarr von unglaublichen Sagen geführt, die nicht immer auf beinharter Logik basieren. Es ist ein allgemein verbreiteter Irrglaube, man könne digital bedruckte Kreditkarten mit Hilfe eines Stücks Videoband und eines PCs selbst herstellen. Im Wirtschaftsteil der Presse ist zu lesen, daß solche Tricks im Fernen Osten geradezu boomen. Der Guardian *hat einen Artikel über eine Frau veröffentlicht, die fast ein Jahr lang eine fremde Kreditkarte benutzt hat – die nicht einmal von der gleichen Bank ausgegeben worden war. Unsere neue Abhängigkeit von der Loch-in-der-Wand-Bank, die nervliche Anspannung bei der Demütigung durch Bildschirme, die in aller Öffentlichkeit »Sie wollen mich wohl verarschen« erwidern, wenn man um einen Zehner bittet, und die Angst, Fremde könnten sich mit unseren Karten, die sie geklaut haben, neu einkleiden und vollsaufen bzw. vollfressen, haben einen fruchtbaren Nährboden für neue Großstadt-Sagen geschaffen. An manchen würgt man schwerer als ein Geldautomat an einer heimtückischen Karte:*

Der intrigante Geldautomat

In der Gegend des Londoner Piccadilly war ein Typ auf Sauftour. Als die Kneipen zumachten, schlenderte er nach Charing Cross runter, um die U-Bahn nach Hause zu erwischen, doch plötzlich bekam er unheimlichen Kohldampf. Als er in die Tasche griff, stellte er fest, daß er nur noch 1 Pfund 80 hatte. Nun stand er vor der Wahl: Heim zu Mama oder ein Viertelpfünder mit allem drum und dran. Dann fiel ihm sein biegsamer Freund ein – die Kreditkarte!

Also hechtete er flink in einen Hamburger-Laden. Als er am Geldautomaten stand, hatte er schon gierig angefangen, in das scharfe Grillpastetchen zu beißen. Er steckte die Kreditkarte in den Schlitz, stellte den Imbiß neben der Tastatur ab, gab seine Geheimzahl ein und wartete auf das Erscheinen der Knete. Doch auf dem Bildschirm erschien eine Schrift: SIE HABEN EINE FALSCHE GEHEIMZAHL EINGEGEBEN. NEUER VERSUCH?

Leicht genervt gab er eine neue Zahl ein. Die gleiche Meldung kam. Er verdaute sie ziemlich fassungslos und nahm einen dritten Versuch in Angriff. Da er überzeugt war, daß die erste Zahl gestimmt hatte, und er annahm, er hätte sie nur in der falschen Reihenfolge eingegeben, tippte er noch mal die gleiche Nummer ein.

Doch als er damit fertig war, las er die Meldung, seine Karte sei eingezogen worden – und die Glasscheibe vor der Tastatur sank knirschend nach unten, so daß auch der leckere Hamburger unerreichbar für ihn wurde.

Der Nistkasten

Einem Büroangestellten ging während einer abendlichen Sauftour das Geld aus, und da er Bargeld brauchte, um mit dem Taxi nach Hause zu fahren, ging er zu einem Geldautomaten.

Er steckte die Karte in den Schlitz, die Scheibe fuhr hoch – und zwei aufgeschreckte Tauben flogen heraus . . .

Die trickreiche Dose

Einer meiner Kollegen hat einen Freund, dessen Vater auf Elektronik steht. Einmal fiel ihm ein irrer kleiner Apparat in die Hände – eine Old-Holborn-Bierdose mit allerlei technischem Schnickschnack drin.

Wenn er das Ding auf einen Spielautomaten stellte, wirkte es ganz unschuldig, aber es änderte die Sperren des Geräts, was es dem alten Knaben erlaubte, den 100-Pfund-Jackpot aus jeder Kiste zu holen, die er knacken wollte. Nachdem er in Hounslow fast alle dicken Jackpots eingesackt hatte, bekam er fast überall Lokalverbot, auch wenn die Wirte nie begriffen, was es mit der Dose auf sich hatte.

Nachdem er mehrere Monate so vorgegangen war, kam man ihm jedoch auf die Schliche: Er war im Holiday Inn in Slough und bearbeitete wie gewöhnlich die Automaten. Doch als er mal kurz auf die Toilette mußte, ließ er die Jackpot-Dose versehentlich auf einem Gerät zurück.

Als er von der Toilette zurückkam, war das Gebiet um die Spielautomaten abgesperrt, und die Hausdetektive stürzten sich auf ihn. Man hatte die Dose für eine Bombe gehalten, und damit war das Spiel aus.

Der Schließmuskelöffner

Eine Frau von Mitte dreißig, die an seltenen Darmbeschwerden litt, mußte einen neuartigen operativen Eingriff über sich ergehen lassen und bekam einen mechanischen Schließmuskel implantiert.

Sie konnte ihren Darm nun öffnen und schließen, indem sie einen Magneten über einen in ihren Brustkorb eingepflanzen Sensor schob. Die Vorrichtung erwies sich als äußerst wirkungsvoll – d.h. bis zu dem Tag, an dem die arme Frau zwei Wochen in den Süden fliegen wollte und am Flughafen durch die Sicherheitsüberprüfung ging.

Erst als sie ihren Fensterplatz eingenommen hatte, fiel ihr auf, daß die Abtaster am Flughafen offenbar auch mit Magneten arbeiteten ...

Von den Sicherheitseinrichtungen in Warenhäusern weiß man, daß sie offenbar ähnliche Wirkungen zeigen – in der Regel bei Leuten, die das Haus verlassen und »vergessen« haben zu zahlen ...

Der große Bluffer

Die Freundin eines ehemaligen Kollegen hat mir von einem Erlebnis erzählt, das ihr Chef kürzlich in der Eisenbahn hatte. Er freute sich, das ganze Abteil für sich zu haben, und setzte sich mit einem Buch zu einer ruhigen, gemütlichen Reise hin. Als die Pfeife ertönte und der Zug anruckte, bahnte sich ein lauter, hochnäsiger Yuppie den Weg in das Abteil, knallte seine Reisetaschen hin, warf sich auf den Sitz gegenüber, packte sofort ein Funktelefon aus und fing mit einem lauten, tölpelhaften Gespräch an. »Kaufen ... Verkaufen ... Termin verschieben ... Super!« Und dergleichen.

Der stille Mann konnte sein Pech kaum fassen. Er gab sich zwar alle Mühe, den flegelhaften Großstadttypen zu ignorieren, doch der Bursche war ungeheuer laut, telefonierte ständig mit irgendwelchen Leuten und schrie so lange »Ja ... Ja ... Ja ...« in sein Telefon hinein, bis er es nicht mehr aushielt und seine Klamotten nahm, um sich anderswo einen Platz zu suchen.

Er hatte sich kaum hingesetzt, als ein ihm gegenüber sitzender älterer Mann blaß wurde und stöhnte. Er hatte einen Herzanfall und fiel zu Boden. Als die Reisenden dem alten Mann zu Hilfe kamen, tauchte der Schaffner auf und erklärte, man könne erst auf dem nächsten Bahnhof telefonieren, denn das Zugtelefon sei ausgefallen.

»Ich kenne jemanden, der ein Telefon dabei hat!« sagte der Typ freudig. »Wir können im voraus anrufen und einen Krankenwagen zum Bahnhof kommen lassen!«

Also marschierten der Schaffner, der Typ und ein paar andere besorgte Reisende im Triumphzug zu dem Waggon, in dem der Yuppie saß. Als der Schaffner ihn unterbrach, um die Lage zu erklären, und ihn bat, sein Telefon benutzen zu dürfen, da es um einen Notfall ging, führte er gerade wieder ein Gespräch.

Zuerst winkte der Yuppie ab, als sei er zu beschäftigt, und führte sein Gespräch fort. Doch als die anderen darauf beharrten und zunehmend wütend wurden, warf er das Telefon hin, wurde knallrot, schaute zu Boden und murmelte: »Geht nicht. Es ist nur 'ne Attrappe.«

Gas- und Stromzähler stellen für manche Menschen offenbar eine Art Herausforderung dar, denn angeblich existieren zahlreiche Methoden, sie zu »betrügen«. Viele von uns haben schon von dem großen, runden Lautsprechermagneten gehört, den man nur auf den Zähler zu legen braucht, um die Bewegung der Drehscheibe zu verlangsamen – oder von der heißen Nadel, mit der man das Kunststoffgehäuse durchbohrt und die die Drehscheibe verlangsamt, wenn sie sie berührt. Manche Menschen, die verrückt genug waren, es auf die Spitze zu treiben, indem sie die Bewegung der Scheibe völlig stoppten, waren sogar gezwungen, im Sommer die Heizung voll aufzudrehen, damit der Ableser nicht mißtrauisch wurde. Die Grundannahme besteht darin, daß es »immer ein Schlupfloch« gibt und die Manipulation von Zählern eher ein Ulk als eine kriminelle Handlung ist. Zum Beispiel:

Nasse Bescherung

Ein paar Leute, die am anderen Ende unserer Straße wohnen, hat man hochgenommen, weil sie den Gasometer manipuliert haben. Sie haben sich eine Gußform gebastelt und 50-Pence-Stücke aus Eis damit hergestellt, die in etwa das gleiche Gewicht hatten. Eine Weile hat es auch geklappt. Man hat sie erwischt, als der Ableser der Stadtwerke kam, um den Münzautomaten zu leeren: Er war voll Wasser.

O'zapft is'

Mein alter Erdkundepauker hat mir von einigen Freunden erzählt, die der Hektik der Tretmühle entsagen und sich an der Küste von Cornwall ansiedeln wollten. Sie kauften sich ein schönes, efeubewachsenes Landhäuschen, das direkt auf einer Halbinsel lag und kilometerweit von jeder Ortschaft entfernt war. Das einzige Gebäude in der Nähe war ein Leuchtturm.

Nun, weit weg von allem, fühlten sie sich pudelwohl und scherten sich nicht mehr um die Welt. Bis dann die erste Stromrechnung auf den Fußabtreter klatschte: Die Summe, die sie dem Elektrizitätswerk schuldeten, war für ihr winziges Landhaus astronomisch hoch. Es ging tatsächlich um mehrere tausend Pfund.

Das Ehepaar rief entsetzt beim Elektrizitätswerk an, das jemanden schickte, um in dem Fall zu ermitteln – und man stellte wahrhaftig fest, daß der Leuchtturm an ihren Zähler angeschlossen war.

Der Nierengrill

Ein mexikanischer Koch, der vier Monate lang an der M4 in einer heruntergekommenen Raststätte gearbeitet hatte, war eines Morgens, als er seine Schicht beginnen sollte, krank geworden.

Da der Mann ohnehin unzuverlässig war, erklärte sich der Chef, trotz der schlimmen Bauchschmerzen, über die der Mann klagte, nur widerwillig bereit, ihn zum nächsten, mehrere Kilometer entfernt liegenden Krankenhaus fahren zu lassen. Er ermahnte ihn, bloß schnell zurückzukommen, sonst könne er sich die Papiere abholen.

Als der Koch nach vier Stunden noch nicht wieder aufgetaucht war, rief der Chef das Krankenhaus an, in das der Mexikaner hatte gehen wollen, um sich zu erkundigen, ob er überhaupt dort aufgetaucht war.

Zu seiner Überraschung kam nach einem kurzen Gespräch mit der Notaufnahme ein Facharzt ans Telefon und fragte ihn, ob der Koch je an einem Mikrowellenherd gearbeitet habe.

»Ja, er arbeitet daran«, sagte der Chef.

»Ist es ein altes Gerät?«

»Ja, eins der ersten Modelle. Warum?«

»Schalten Sie es sofort ab!« drängte der Facharzt. »Das Ding ist nicht strahlungssicher, die Nieren Ihres Kochs sind voll durchgebraten!«

NICHT TOTZUKRIEGENDE WEISHEITEN

Technik

- Auf Kreditkarten enthaltene Daten kann man löschen, indem man sie mit Zitteraalen, Zitronensaft, Mayonnaise, brauner Sauce, Flughafen-Röntgenapparaten, U-Bahn-Funken oder Schrottplatz-Elektromagneten in Berührung bringt.
- Mikrowellen können zu Sterilität führen.
- Am Freitag, dem 13., drehen alle Computer durch; daran ist ein Virus schuld.
- Wenn man durch Ladendieb-Lichtschranken von Kaufhäusern geht, spielen Herzschrittmacher verrückt.
- Menschen mit Herzschrittmachern müssen Rattengift zu sich nehmen, um ihr Blut zu verdünnen.
- Die Britische Telekom arbeitet an Kontaktlinsen, die Nachrichten übermitteln können.
- Jeder Pilot hat schon mal ein UFO gesehen, aber man hat sie alle zum Schweigen verdonnert. Die NASA hält mehrere Außerirdische gefangen, aber sie will es nicht zugeben, damit auf der Welt keine Panik ausbricht.
- Taucheruhren mit Leuchtzifferblatt sind radioaktiv.
- Wenn man Leuten im Fernsehen zuschaut, können sie einen manchmal ebenfalls sehen.

ÄRGER MIT DEM UNTERSATZ

Wenn PS den dicken Max markieren

»Zwei Beine gut, vier Räder schlecht« (um Orwells Farm der Tiere *etwas abzuwandeln) ist allem Anschein nach die Maxime folgender frisierter Dummheiten. Vielleicht auch »Vorsprung durch Stümperei«. Im Grunde läuft alles darauf hinaus, daß abgesehen von nagelneuen Motoren und Könnern mit festen Zielvorstellungen am Lenker einen alles andere nur in den Irrsinn treiben kann – speziell dann, wenn man sich völlig gesund fühlt. Die nachfolgende hochoktanige Einspritzung von dem Wahnsinn anheimgefallenen Autobahn-Irren treibt die Leichtgläubigkeit an eine Grenze, an der der gefährlichste Teil des Fahrzeugs der Beknackte am Steuer ist.*

Autos? Würd' ich nich' mit 'ner Kneifzange anfassen, Alter!

Obwohl kluge Autofahrer den dreirädrigen Reliant Robin für wirtschaftlich, rostfrei, schnell und eine Luxuskutsche für die vierköpfige Familie halten, gibt es massenhaft Fahrer, die Witze über ihn reißen. Daher auch sein Spitzname »Plastikschwein« und die vielen Gerüchte über sein Vorderrad, das die ganze Karre umwirft, sobald es einen Stein überfährt. Manche Robin-Besitzer haben den Mythos mit Einfallsreichtum bekämpft – wir kennen einen, der es so satt hatte, daß die hupenden halbstarken Raser auf seine Kosten Witze rissen, daß er unter den Fiberglaskühler seines Robin einen V12-Motor eingebaut hat. Nun sucht er die Straßen von Liverpool heim und tritt an der Ampel neben jedem Porsche oder Angeber-GTI, dem er begegnet, aufs Gaspedal.

Das rasende Dreirad

Am anderen Ende des Landes, in Chingford, Essex, legte sich ein Typ in den späten siebziger Jahren einen Rover 3500 zu und stattete ihn mit sämtlichen Extras aus: Klappscheinwerfer, Metallicfarbe, Rallyestreifen und ein halbfertiges Drachengemälde auf der Seite.

Eines Tages spielte er, wie üblich, vor der Ampel mit dem Gas, um den Leuten zu zeigen, was seine Karre unter der Haube hat. Da zockelte neben ihm ein mittelalterliches Ehepaar in einem Reliant Robin heran. Zur Überraschung des halbstarken Rasers spielte der Dreiradfahrer ebenfalls mit dem Gas. Na, dem würde er es aber zeigen. »Keine Sorge.«

Doch als die Ampel auf Gelb sprang, zischte der Reliant wie eine Rakete an ihm vorbei. Der Halbstarke war so fertig mit der Welt, daß er den Motor fast abwürgte, um nur von der Stelle zu kommen. Er gab Vollgas, doch das Plastikschwein fegte volles Rohr vor ihm her und hielt auf die M1 zu. Als sie die M1 erreicht hatten, fuhren beide mit Vollgas, aber der frisierte Rover hatte mächtig was zu knacken. Als sie 180 Sachen fuhren, gab der Halbstarke auf, und der Robin verschwand in der Ferne.

Eine unerwartete Attacke

Ein Typ, der bei uns um die Ecke wohnt, wollte an einem Samstagmorgen mit seiner Frau zum Einkaufen fahren. Sie stiegen ins Auto und drehten den Zündschlüssel, aber der Wagen sprang nicht an. Der Typ öffnete die Kühlerhaube, schaute rein und sah ein Ölleck. Also machte er sich an die Reparatur, und seine Frau ging allein einkaufen.

Ein paar Stunden später kehrte sie mit Tüten beladen zurück. Als sie durch die Einfahrt kam, sah sie die Beine ihres Gatten unter dem Wagen hervorragen. Da sie leicht übermütig war, streichelte sie die Innenseiten seiner Schenkel und griff ihm liebevoll in den Schritt. Dann ging sie hinein, um die Lebensmittel auszupacken.

Doch als sie ins Haus kam, saß ihr Mann in der Küche vor einer Tasse Tee. Die beiden eilten hinaus und fanden den Automechaniker. Er lag noch unter dem Wagen. Er hatte sich bei den Streicheleinheiten der Frau den Kopf angestoßen und die Besinnung verloren.

Neue Bauwerke erzeugen oft ein Interesse, das sich bald zu einem schlechten Ruf auswächst, der dann unausweichlich in einer Sage endet. Abgesehen von den in bestimmten Gegenden verbreiteten Geschichten über die Spitzel im Londoner Gangsterviertel East End, die in Betonbrückenpfeilern begraben werden, ist die M25 längst zu beispielloser Berühmtheit gelangt. Dank der Geschichten, die über die Großstadt-Yuppies und ihre frühmorgens ausgetragenen Wettrennen kursieren – die ständigen grundlosen Sperrungen der Straße und ihren offenbar hausgemachten Verfall –, ist die M25 ein besonders gutes Beispiel. An den Sagen, die sich um sie ranken, ist eigentlich nur eins neu: Je öfter die Straße befahren wird, desto merkwürdigere Pointen bringt ihre Existenz hervor. Wie zum Beispiel ...

Auf in den Norden

Nachdem ein älteres Londoner Ehepaar die Reise jahrelang vor sich hergeschoben hatte, wollte es in den Norden fahren, um Tochter und Schwiegersohn in Leeds zu besuchen.

Also holte es den alten Ford Anglia aus der Garage, spülte den angesammelten Schmutz und die Spinnweben ab und zuckelte los.

Nach sechs Stunden Autobahnfahrt hatten die beiden noch immer kein Hinweisschild auf Leeds gesehen. Solcherart verwundert, beschlossen sie, sich an einer Tankstelle zu erkundigen.

»Du bist in South Mimms, Kumpel, acht Kilometer von London entfernt.«

Sie waren nicht von der M25 abgebogen.

Auf Wiedersehen, Trabbi!

Als die Berliner Mauer fiel, meinte ein Ossi in den Dreißigern, der schon lange Ambitionen hatte, als Rockstar herauszukommen, nun sei die Zeit für den entscheidenden Schritt gekommen. Also packte er seine Habe in seinen heruntergekommenen alten Trabant und machte sich auf den Weg nach Liverpool, die Heimat der Beatles, um sich als Musiker einen Namen zu machen.

Die Reise war ein Alptraum; über lange Strecken hielt ihn nur der Traum an ein neues Leben aufrecht. Nachdem er Ungarn passiert hatte, mußte er sich an der österreichischen Grenze praktisch einen ganzen Tag anstellen. Als die Grenzbeamten seinen Ausweis prüften, wurde er immer nervöser. Aber er schaffte es mit seinem treuen Trabant durch den zerrissenen Eisernen Vorhang nach Westen und zuckelte triumphierend durch Südeuropa.

In Frankreich stieß er jedoch auf weitere Probleme: Er wurde in einen kleinen Unfall verwickelt, und der Auspuff des Trabbis löste sich, so daß er noch mehr Lärm machte als zuvor. In Calais mußte er jemanden bezahlen, der den Wagen flickte, denn er pfiff nach der langen Reise aus dem letzten Loch.

Nachdem der Ossi das Ticket für die Fähre gelöst hatte, war er praktisch pleite – beim Umtausch in Österreich hatte man ihn beschwindelt. Doch als er an Deck des Schiffes war und die weißen Felsen von Dover vor sich erblickte, war er wieder guten Mutes und machte sich neue Hoffnungen.

Als er in Dover von Bord ging und die Rampe hinunterfuhr, hörte er ein Scheppern. Der Auspuff des Trabbis hatte sich letztendlich doch gelöst. Immer noch darauf bedacht, sich seinen Traum zu erfüllen, fuhr er nach London. Sein nächster Halt sollte Liverpool sein.

Er kam ganz gut voran. Doch dann, südlich der Hauptstadt, geriet er auf die gefürchtete M25, die auf seiner Karte nicht verzeichnet war.

Der Trabbi stieß inzwischen riesige Wolken schwarzen Qualms aus. Der Ossi fuhr mit krachendem Getriebe im Zickzack über einen nahen Feldweg und versuchte, auf der Landkarte seine Richtung zu finden. Erfolglos.

Er fuhr zwei Stunden lang über die M25, bis sein schäbiger Trabant endlich die Beachtung der Autobahnpolizei fand. Die Polizisten warfen einen Blick auf die Todesfalle und nahmen den Fahrer in die Mangel. Leider beherrschte er nur jene englischen Worte, die auf Beatles-

Schallplatten zu hören sind, und die halfen ihm in seiner Lage recht wenig.

Da die Polizisten kein vernünftiges Wort aus ihm herausbekamen, nahmen sie ihn fest, und Tage später wurde er mit gebrochenem Herzen nach Deutschland abgeschoben. Den rostenden, aufgegebenen Trabbi soll man noch heute in den Büschen an der M25 stehen sehen können.

Diese besonders lange und langweilige Sage ist in Wahrheit nur eine Neubearbeitung früherer Emigrantengeschichten. Die älteren Fassungen, in denen Palästinenser eine Rolle spielen, wirken noch unglaubhafter.

Der Hund am Steuer

'n früherer Arbeitskollege sagt, seinem Onkel in Amerika hat man den Führerschein entzogen, weil er zu schnell gefahren war. Aber er war ein Autonarr und trank sich gern einen. Also kaufte er sich einen Wagen mit Automatik und brachte seinem Bernhardiner das Fahren bei. Dann saß der Hund am Steuer, und der Onkel bediente die anderen Pedalen und Schalthebel, da sein Auto wie für Fahrschulen damit doppelt ausgerüstet war. Witzig wie er war, hatte er sogar eine vorläufigen Fahrerlaubnis auf den Namen Henry St. Bernhard für den Hund gekriegt. Die Sache zahlte sich aus; der Hund wurde in der kleinen Stadt ein fast vertrauter und beliebter Anblick, wenn er sein Herrchen zu Geschäften oder Kneipen chauffierte. Doch nach einer Weile wurden sie von der Autobahnpolizei angehalten und festgenommen. Daraufhin gab cs in dcr Öffcntlichkcit cincn solchcn Aufschrci, daß dic Anklage fallengelassen wurde und man den Mann mit einer einfachen Verwarnung laufen ließ. Hund Henry kam allerdings nicht so leicht davon: Ihm wurde eine Geldstrafe von 50 Dollar aufgebrummt, weil er mit einer vorläufigen Fahrerlaubnis nach Einbruch der Dunkelheit gefahren war . . .

Angeschmiert

Wo ich früher gearbeitet habe, gab es einen Firmenwagen, den alle aus der Abteilung benutzen durften. Es war ein starker Dreiliter-Capri. An einem Freitagabend liehen ihn sich zwei Jungs aus der Firma aus, um im Londoner Westen, an der Themse, zu einer schnieken Kundenparty zu fahren.

Sie amüsierten sich königlich und soffen und tanzten bis in den frühen Morgen, als einem der beiden übel wurde und sie abhauten. Auf der Heimfahrt wurde dem Burschen durch den saumäßigen Fahrstil seines Kollegen noch schlechter. Kurz darauf kotzte er die ganze Karre voll, wobei die Hauptmenge auf seinem Seidenhemd landete.

Nachdem sie den Wagen am Wochenende gereinigt und geschrubbt hatten, stellten sie ihn, ohne etwas zu sagen, wieder zu den anderen.

Am nächsten Wochenende lieh sich der stinkvornehme Chef das Fahrzeug aus, um seine noch stinkvornehmere alte Mutter zu einer Gartenparty zu fahren. Er hielt vor ihrem Haus an und betätigte leise die Hupe. Die steife alte Mama kam in ihren besten Sonntagskleidern aus dem Haus getattert.

Sie stieg in den Wagen und nahm Platz, und da sie sehr sicherheitsbewußt war, zog sie den Sicherheitsgurt über ihre Brust – und schmierte sich mit einer Schärpe aus stinkender, fader Kotze ein.

Die Angst im Nacken

Der Geschäftsführer eines Weinlokals in unserer Gegend war eines Tages, als er in seinem alten mimosengelben 1964er Ford Zephyr durch London fuhr, leicht angesäuselt.

Als er am Buckingham Palace vorbeikam, sah er hinter sich einen Motorradpolizisten. Der Bulle winkte ihn rechts ran, und er dachte, es ginge ihm an den Kragen. Als der Polizist näher kam, drehte er die Seitenscheibe herunter und bereitete sich auf eine Standpauke vor, die den Verlust seines Führerschein nach sich ziehen würde – genügend Punkte hatte er nämlich schon gesammelt.

»Was ist denn, Herr Wachtmeister?« fragte er nervös.

»Nichts«, strahlte der Jungbulle, »aber so einen hatte mein Vater auch mal!«

NICHT TOTZUKRIEGENDE WEISHEITEN

Autos

- Sägemehl im Getriebegehäuse macht Autos leiser.
- Eine gerissene Methode, um herauszukriegen, ob ein Wagen einen Austauschmotor hat: Man tritt gegen die Reifen.
- In geklauten Autos findet man oft einen Motor, der aus zwei anderen zusammengeschweißt wurde.
- Es gibt einen roten Porsche mit dem Nummernschild »F-ICK«.
- Ein Arbeiter bei Cadillac hat sich in vielen Jahren aus zusammengeklauten Teilen selbst einen Wagen gebaut.
- Autos, die montags gebaut werden, haben immer Macken.
- Manche Menschen schütten oft Zucker in den Benzintank eines Rivalen, damit der Motor verstopft.
- Kinder bringen Dichtungsmanschetten zum Platzen, indem sie eine Kartoffel in den Auspuff schieben; eine ist mal rausgeflogen und hat einen Hund getötet.
- Wenn man Rallyestreifen an seinen Wagen klebt, wird er schneller.
- Wenn man in einem Auto sitzt, kann niemand sehen, daß man in der Nase bohrt.
- Alte Citroëns kann man wegen ihrer niedrigen Aufhängung nicht mit Radklammern festhalten.
- Autos von Rolls Royce kriegen nie Strafzettel.

DER LANGE ARM DES GESETZES

Zusammenstöße mit der Staatsgewalt

Das Markenzeichen dieses Kapitels sind üble Streiche mit einem perversen Sinn für höhere Gerechtigkeit. Volltrunkene Autofahrer, leichtgläubige Komplizen, merkwürdig ausgestattete Einbrecher und rotzfreche Studenten, die rohe Scherze treiben – sie alle möchten gern beweisen, daß das Gesetz ein Arsch ist. Leider ist es aber meist der eigene Arsch, in den man tritt, wenn man dem Gesetz einen Schlag versetzen möchte. Soweit es Sagen-Liebhaber angeht, sind gerechte Bullen ein Mythos, und Schuld an allem hat sowieso die Gesellschaft. Legt ihnen Handschellen an, steckt sie in den Kasten, damit sie ihren Phantasien lange frönen können . . .

Spätzündung

Ein Ehepaar aus Surbiton wachte eines Morgens auf und stellte fest, daß sein vor dem Haus geparkter Wagen gestohlen war. Man meldete es sofort der Polizei. Als die beiden abends von der Arbeit nach Hause kamen, war der Wagen wieder da, und unter dem Scheibenwischer klemmte ein Briefumschlag.

Darin befand sich eine weitschweifige Entschuldigung für das »Ausleihen« des Fahrzeugs. Wie der Dieb erklärte, besaß er leider kein eigenes Auto und hatte seine Frau zur Geburt ihres ersten Kindes ins Krankenhaus fahren müssen. Er hoffte, daß die Leute nicht allzu sauer waren, daß er sich den Wagen ohne ihre Einwilligung ausgeliehen hatte; es wäre halt ein Notfall gewesen.

Zur Wiedergutmachung hatte er zur freien Verfügung zwei Eintrittskarten für eine Theatervorstellung im West End beigelegt.

Doch als die beiden nach der Vorstellung heimkamen, stellten sie fest, daß der freche Gauner den Vorteil ihrer Abwesenheit genutzt hatte, um das ganze Haus auszuräumen.

Um zum Schaden noch den Spott hinzuzufügen, zeigte sich später, daß man das Auto an dem Tag, an dem es verschwunden gewesen war, bei einem Raub verwendet hatte.

Zwischen Tür und Angel

Ich hab' zwar nie genau erfahren, wem es passiert ist, aber ich vermute, es war die Lehrerin, die mit der Frau befreundet ist, von der ich die Geschichte kenne.

Na ja, die Frau, um die es in der Geschichte geht, war unheimlich groß, dick, kräftig – man kann es nennen, wie man will. Eines Tages war sie bei ihrer Bausparkasse in Exeter, und als sie sich durch die Drehtür quetschte, sah sie, daß vor ihren Augen ein Raubüberfall stattfand.

Die beiden unerfahrenen Räuber versetzten jedermann in blinde Panik, weil sie Schießeisen schwenkten und die Kunden anschrien, sie sollten sich verkrümeln – die kräftige Dame inklusive. Dann zwangen sie die Angestellten, alles Bargeld rauszurücken, und befahlen ihnen, sich auf den Boden zu legen, bis sie verschwunden waren.

Doch als sie sich umdrehten, um die Fliege zu machen, stießen sie auf die erschreckte dicke Lady, die in der Drehtür festklemmte. Die Gauner packten zu und wollten die Frau mit Gewalt rausholen, aber sie klemmte fest und ebenso die Tür. Schießen hätte nichts gebracht, und cincn andcrcn Ausgang gab cs nicht. Sic saßcn wic Rattcn in dcr Falle.

Ein paar Minuten später tauchte die Polizei auf, um die Ganoven festzunehmen. Bei ihnen war ein Mann mit einem Schneidbrenner, um die gedemütigte Dame zu befreien.

Obwohl sie in allen Zeitungen erwähnt wurde und von der Bausparkasse eine hohe Belohnung bekam, war es ihr zu peinlich, bei der Geldübergabe persönlich zu erscheinen.

Der einbeinige Bandit

Einer meiner Freunde zog aus der Innenstadt von Birmingham (wer würde es nicht tun?) ins aufblühende städtische Randgebiet – in ein Doppelhaus, an dem einiges zu tun war, besonders im Garten. Sobald er eingezogen war, machte er sich an die Arbeit und mischte Beton für den Bau einer Terrasse. Von der Arbeit geschlaucht, ging er am gleichen Abend in die nächste Kneipe.

Als er nach Hause kam, stellte er zu seinem Schrecken fest, daß man bei ihm eingebrochen hatte, aber gestohlen war nichts. Er rief perplex die Polizei an. Ein Beamter kam und suchte im Haus und davor nach Spuren. Als er im Garten war, rief er den Besitzer zu sich. Er sagte, er hätte etwas Verdächtiges gefunden, und deutete mit seiner Taschenlampe auf die Terrasse.

Erstaunlicherweise befanden sich auf dem nassen Beton mehrere Fußabdrücke, die eindeutig und ohne Ausnahme von einem *linken* Bein stammten.

Lustig ist das Studentenleben

Wie man weiß, sind die meisten Studenten echte Scherzkekse. Einige dieser Typen dachten sich aus Übermut einen irrsinnigen Streich aus.

Sie teilten sich in zwei Gruppen auf. Die eine machte sich an einen Bauarbeitertrupp heran, der gerade eine Straße aufriß, und steckte ihnen, später werde eine Gruppe ihrer Kumpane bei ihnen als Bullen verkleidet aufkreuzen, um sie zu veralbern. Sie erzählten den Bauarbeitern, ihre Kumpane würden ihnen befehlen, sofort die Arbeit einzustellen und zu verschwinden. Die Arbeiter dankten ihnen für den Tip und versprachen, die Typen auf ihre Art zu überraschen.

Die andere Gruppe marschierte zu einem Polizeirevier und tat so, als wolle sie ihre Kumpane verpfeifen – die sich angeblich als Straßenarbeiter verkleiden wollten, um Kegel aufzustellen und den Verkehr zu behindern. Prima, sagte der Wachhabende, dann schicken wir mal schnell ein paar von unseren Jungs vorbei.

Als die echten Polizisten auf die echten Bauarbeiter trafen, hielten sich alle gegenseitig für verkleidete Studenten. Es gab reichlich Verwirrung, und manchen Quellen zufolge sogar einen wüsten Krawall.

[Weitere Erstsemesterspökskes siehe **Freunde und Verwandte** *sowie* **Unter dem Messer.***]*

Der folgende Großstadt-Sagenzyklus dreht sich mehrheitlich um Autos. Es entbehrt nicht einer gewissen Ironie, daß es in Kriminalfilmen – wenn dem Helden ein Fall entzogen wird – immer die schlimmste Demütigung ist, zur Verkehrspolizei versetzt zu werden. Dabei würden die meisten Zivilbeamten sehr gern dort arbeiten, damit sie endlich mal ein BMW-Motorrad fahren dürfen.

Eine weitere nicht totzukriegende Sage ist, daß einem nichts mehr passieren kann, wenn man sicher zu Hause angekommen ist. »Des Engländers Heim ist seine Burg«. Die aber kann leicht von den motorisierten Jungs in Uniform gestürmt werden . . . *[siehe* **Teuflische Gesöffe***].*

Blaulicht heißt Gefahr

Der Onkel meines Arbeitskollegen fuhr eines Abends über eine verkehrsreiche Umgehungsstraße nach Hause. Allerdings war er blau wie ein Veilchen und hätte unter keinen Umständen in einem Auto sitzen, geschweige denn eins steuern dürfen. Er fuhr über die Kriechspur der Schnellstraße und bemühte sich, nicht aufzufallen. Leider aber fuhr er so langsam (und mit dem üblichen Seitenschlenker), daß sein Fahrstil genau die gegenteilige Wirkung hatte, und bald wurde er von Hütern des Gesetzes überholt.

Die Polizisten warfen einen Blick auf seine vom Suff verquollenen Glubscher, rochen seine Fahne und machten ihm den »Vorschlag«, den Wagen stehenzulassen, um sie zum Revier zu begleiten. Sie waren gerade im Begriff, ihn umzuladen, als auf der anderen Seite des Grünstreifens zwei Autos zusammenkrachten. Die Bullen ermahnten den bis zur

Halskrause vollen Onkel, sich nicht von der Stelle zu rühren, und eilten zum Unfallort.

Da der Onkel nun eine Chance zur Flucht sah, verfiel er in blinden Aktionismus. Als er sich vergewissert hatte, daß die Bullen nicht zu ihm hinsahen, raste er so schnell wie möglich heim. Er fuhr den Wagen sofort in die Garage, lief ins Haus und sagte zu seiner überraschten Frau: »Wenn die Bullen kommen, habe ich den ganzen Tag mit einer Erkältung im Bett gelegen. Ich habe den Wagen nicht angerührt und schlafe, klar?« Dann nahm er eine Flasche Whisky mit und wankte ins Bett.

Eine halbe Stunde später kreuzte die Polizei auf. Die Frau ging an die Tür. Bevor sie überhaupt etwas gefragt worden war, stieß sie hervor: »Er war den ganzen Tag krank, hat den Wagen nicht angerührt und schläft jetzt.«

»Dann haben Sie ja wohl nichts dagegen, wenn wir einen Blick in Ihre Garage werfen, Madame«, sagte einer der Polizisten. Sie händigte ihm verlegen den Schlüssel aus.

Als die Polizisten die Tür öffneten, traf die Frau beinahe der Schlag. In der Garage stand – zur deutlichen Zufriedenheit der Beamten – ein Polizeiwagen. Das Funkgerät plärrte, und das Blaulicht blinkte noch.

Alles für die Katz

Ich kenne einen Typ, der sich gern einen schickert. Einmal war er auf einer Party bei einem anderen Freund, gleich um die Ecke. Er schlug bis in die Morgenstunden unheimlich zu und war abgefüllt wie noch nie. Da er zum Gehen zu blau war, beschloß er gegen den Rat aller anderen, nach Hause zu fahren, und sagte: »Mein Datsun fährt von selbst.«

Es war Winter, und es goß in Strömen, doch obwohl er knüllevoll war, kam er ganz gut voran, bis er um eine Ecke bog und gegen ein abgestelltes Fahrzeug knallte. Trotz des unheimlichen Lärms ging in keinem Haus der Straße eine Lampe an; da wendete der Typ so schnell wie möglich und machte die Mücke.

Er erreichte sein Zuhause, flüchtete hinein und schlief voll angezogen auf dem Bett ein.

Eine halbe Stunde später klopfte es bei ihm. Der Schickermann wankte nach unten und öffnete vorsichtig die Tür. Es war die Polizei.

»Tut mir leid, Sie stören zu müssen, Sir«, sagte ein Bulle, während ein anderer den Schaden an dem vor der Tür geparkten Wagen untersuchte, »aber besteht eventuell die Möglichkeit, daß sie da hinten an der Ecke auf ein abgestelltes Fahrzeug aufgefahren sind?«

»Ähm . . . ja«, stammelte der Typ. »Aber woher wissen Sie das?«

»Sie haben dies hier am Unfallort vergessen, Sir«, sagte der Beamte und entnahm seinem Dienstwagen ein zerbeultes Nummernschild.

Rückwärts auf der Überholspur

Der Chef meines Freundes fuhr eines Abends in die Stadt und ließ in einer Bar die Puppen tanzen. Am frühen Morgen wankte er zu seinem Porsche hinaus und fuhr über die M25 nach Hause. Da keine anderen Fahrzeuge unterwegs waren, drückte er das Gaspedal ganz durch und raste mit weit über hundert Sachen dahin.

Er war so aufgedreht, daß er seine Ausfahrt verpaßte, und da er nun mal auf der Autobahn war, lag die nächste kilometerweit entfernt. Er trat auf die Bremse und schaute sich um, um nachzusehen, ob hinter ihm in der Dunkelheit jemand kam. Dann faßte er den Entschluß, das Risiko einzugehen und im Rückwärtsgang zur Ausfahrt zu fahren.

Er legte den Rückwärtsgang ein, gab Gas und raste los. Aber dann: BUMSTI! Ein Escort XR3i war genau auf ihn draufgefahren. Die Polizei war sofort da und stürzte sich auf den Escort-Fahrer.

Der Porsche-Fahrer ärgerte sich. Er rechnete damit, in die Tüte blasen zu müssen und daß man ihm den Führerschein auf Lebenszeit entziehen würde oder so. Kurz darauf kam einer der Beamten zu ihm. Dem Fahrer ging die Muffe eins zu achtzig.

»Verzeihen Sie, Sir«, sagte der Beamte, »aber haben Sie heute abend ein paar Gläser getrunken?«

»Ja, ich muß zugeben, daß ich ein bißchen getrunken habe«, gestand der Fahrer, der mit dem Schlimmsten rechnete.

Da beugte sich der Beamte wie ein Verschwörer vor und sagte: »Darüber würde ich mir keine Sorgen machen, Kumpel – der andere ist so steif, daß er glaubt, du wärst auf der Überholspur rückwärts gefahren.«

»Dies ist ein Überfall!«

Der Sohn meines Arbeitskollegen ist Motorradkurier. Eines Tages bekam er einen Anruf. Er sollte von einer Adresse in King's Cross etwas zu einer Großbank im Zentrum von London fahren und dort etwas abholen. Der Fahrer reihte sich in den dichten Verkehr ein und erreichte den Ort, an dem sein Auftrag beginnen sollte. Er nahm einen kleinen braunen Umschlag und eine Reisetasche in Empfang, packte beides in den Tragkorb und fuhr zur Bank.

Dort angekommen, bockte er die Maschine auf, ging hinein und gab den Umschlag wie befohlen bei einer Kassiererin ab. Sekunden nachdem die Frau die Nachricht gelesen hatte, ging im ganzen Laden der Alarm los, und es wimmelte überall von kanonenschwenkendem Sicherheitspersonal.

Der Kurier, der in voller Montur dastand – Lederklamotten, Sturzhelm und plapperndes Handfunkgerät – war so von den Socken, daß er keinen Ton herausbrachte.

Später, auf dem Polizeirevier, zeigte man ihm die Nachricht, die in dem Umschlag gewesen war.

Da stand: »Füllen Sie die Reisetasche mit Geld. Ich habe ein Schießeisen und keine Skrupel, es zu benutzen.«

Die Nacht der Katastrophen

Ein mit mir befreundeter Fotograf, der in swinging Chelsea, einem der protzigsten Londoner Viertel, arbeitet, hat mir von einem Kollegen erzählt, der in einen bedauerlichen Zwischenfall verwickelt war.

Der Fotograf hatte bis in die späten Abendstunden hinein für ein sehr bekanntes Schmuckunternehmen an Reklamefotos gearbeitet. Er hatte den ganzen Tag über, bis zum Abend, Klunker geknipst und war ziemlich erschossen, als der ihn beratende Werbefritze des Unternehmens vorschlug, noch einen heben zu gehen.

Aus Sicherheitsgründen nahm er die Diamanten mit. Die beiden verzogen sich in die nächste Pinte und genehmigten sich einen. Sie genehmigten sich sogar ein paar zuviel, und als die letzte Runde kam, war der Fotograf echt abgefüllt. Er setzte den Werbefritzen in ein Taxi und nahm die letzte U-Bahn nach Hause.

Zu seinem Pech schlief er sofort ein, verpaßte seine Haltestelle und wurde vom Schaffner an der Endstation geweckt. Da er nicht die geringste Ahnung hatte, wo er war – er war irgendwo j.w.d. – und keine Bahn mehr in die Gegenrichtung fuhr, beschloß er, per Anhalter nach London zurückzukehren. Als er im Sprühregen gerade über eine leere Landstraße latschte, hörte er hinter sich einen rasch näher kommenden Wagen.

Er hob den Arm; der Wagen hielt an. In ihm saßen zwei junge Burschen. Der Wagen war ein frisierter Cortina und funkelte wie ein Weihnachtsbaum. Als er einstieg, traten die Typen wie die Irren aufs Gas. Er hatte die Tür kaum hinter sich zugezogen, als sie auch schon abzischten und er auf den Rücksitz fiel.

Dann tauchte hinter ihnen – wie aus dem Nichts – ein Polizeiwagen auf, der sie verfolgte. Die Jungs gaben Gas. Als sie auf zwei Rädern um die Ecken bogen, wurde der Fotograf hin und her geworfen. Der Polizeiwagen klebte an ihren Fersen, bis der Cortina von der Straße abkam, sich mehrmals überschlug und auf einer Wiese gegen einen Baum prallte.

Als der Fotograf wieder zu sich kam, leuchteten ihm Polizisten mit Taschenlampen ins Gesicht. Sein Köfferchen war aufgesprungen; in dem umgekippten Wagen glitzerten die Juwelen, aber die Jungs waren nirgendwo zu sehen.

Der Fotograf konnte nur noch lallen: »Esch ischt nischt scho, wie esch auschschieht, Herr Wachtmeischter. Isch kann allesch erklären!«

NICHT TOTZUKRIEGENDE WEISHEITEN
Das Gesetz

- Wenn es einem gelingt, nach Hause zu kommen und dort schnell einen Whisky zu kippen, kann die Polizei einen nicht wegen Trunkenheit am Steuer festnehmen.
- Wenn die Polizei einen nicht einholen kann, kann sie einen auch nicht wegen Geschwindigkeitsübertretung anzeigen.
- Wenn man im Gerichtssaal das Freimaurerzeichen macht, wird man immer freigesprochen; manche Mörder sind nur gehängt worden, weil sie das Zeichen zu spät gemacht haben.
- Super-V-Männer werden immer von plastischen Chirurgen behandelt; sie kriegen einen Haufen Bargeld, eine neue Identität und haben tausend Bräute in der Karibik.
- Wenn die Polizei einen anhält und man sagt, man sei der Sohn eines Richters, wird man immer laufengelassen.
- Penner bemühen sich ständig, verhaftet zu werden, damit sie ein warmes Bett für die Nacht haben.

TEUFLISCHE GESÖFFE

Schickermanns Alpträume

Als wäre die Menschheit nicht fähig, sich ohne die Hilfe von Alkohol in die Scheiße zu reiten ... Wie diese Auswahl beweist, ist ein Konfusions-Cocktail meist unausweichlich, sobald Schnaps im Spiel ist – speziell dann, wenn das Opfer nicht an seine fatalen Auswirkungen gewöhnt ist oder stur darauf beharrt, mit gefüllter Bierwampe nach Hause fahren zu wollen. Menschen und Alkohol, das verträgt sich nicht. Wenn es um Arbeit, Pausen, Spiel und Suff geht, sollte man lieber nichts vermischen. Und natürlich ist dieses Kapitel Wasser auf die Mühlen derer, die behaupten, daß die Arbeit der Fluch der trinkenden Klasse sei ...

Fete im Büro

Im Londoner West End nahm ein spießiger, unter dem Pantoffel stehender Angestellter an einer Weihnachtsfeier in der Firma teil, doch da er zu tief ins Glas schaute, blamierte er sich bis auf die Knochen. Alles endete damit, daß ihm sauelend wurde, was besonders seine Kleidung zu spüren bekam.

Er bekam zwar mit, daß sein Zeug ruiniert war, doch da er den Zug nach Brighton nicht verpassen durfte, flitzte er in ein Lakotz-Geschäft unten in der Oxford Street, um sich ein paar neue Klamotten zuzulegen.

Nachdem er in dem Laden etwa zwei Minuten damit verbracht hatte, sich etwas auszusuchen, warf er alles an der Theke auf einen Haufen und bezahlte in aller Eile.

Er kriegte den Zug gerade noch, eilte sofort auf die Toilette, riß sich die stinkenden, feuchten Hosen, das Jackett und das Hemd vom Leib und warf alles unbekümmert durch das Zugfenster.

Dann öffnete er den Beutel, um seine neuen Kleider anzuziehen – und stellte mit Entsetzen fest, daß er nur ein Paar Socken, ein T-Shirt und zwei Strickjacken enthielt.

Der pünktliche Bill

Im Zweiten Weltkrieg krachte eine Bombe auf eine Kneipe in Cardiff und machte sie platt. Der Luftschutz war sofort zur Stelle und befragte die Augenzeugen, ob zur Zeit des Aufschlags jemand im Lokal gewesen sei.

Nach kurzer Diskussion hatten ein paar Einheimische herausgekriegt, daß die Bombe Punkt halb sieben eingeschlagen war – genau um die Zeit, in der Old Bill stets in der Kneipe auftauchte, um einen halben Liter Brains Light zu zischen. Also stürzten sich sofort alle auf die Trümmer, um sie wegzuräumen. Ein paar Minuten später fand man zum allgemeinen Entsetzen die äußere Türklinke der Kneipentür – an der noch Old Bills knorrige Hand hing.

Der Mann aus Dudley

Eine Reisegruppe aus den Midlands war mit einem Bus zu einer Tagestour in die walisische Küstenstadt Barmouth gefahren. Die Leute vergnügten sich, gingen an den Strand, spielten Bingo, aßen Backfisch und Pommes und genehmigten sich ein paar Drinks.

Als sie über den Kneipenparkplatz zum Bus zurückgingen, stießen sie auf einen Typen, der dem Akzent nach aus Dudley kam. Er war so blau, daß sie ihm in den Bus hineinhalfen, wo er sofort einschlief und laut schnarchte.

Als sie dann ins Black Country kamen, weckten sie ihn auf und sagten: »Wir sind gleich in Dudley, Kumpel.«

Da sprang der Typ erschreckt auf. »Dudley? Aber ich bin doch erst seit zwei Wochen mit meiner Frau und den Kindern in Barmouth in Urlaub!«

Ob es nun an den langen Abenden, der adrenalinpumpenden Drangsal oder dem übermäßigen Gedränge liegt – an der Londoner »Quadratmeile« und ihren großstädtischen Haurein-Schluckspechten muß irgend etwas Besonderes sein. Sie sind stets die ersten beim Erzählen geschmackloser Witze und – so scheint es jedenfalls – immer die letzten, die am Bahnhof stehen. Bei Themen wie Krankheit und Reichtum ist die Innenstadt ein fruchtbarer Boden für Großstadt-Sagen:

Der kränkliche Stadtfrack

Mein Freund, der in der Stadt arbeitet, hat mir von einem Kollegen erzählt, der ein echter Yuppie-Pendler ist.

Er war nach der Arbeit ausgegangen, hatte sich den Abend in einer Weinstube um die Ohren geschlagen und mußte – wie üblich – rennen, um die letzte U-Bahn nach Hause zu kriegen. Er trug einen Nadelstreifenanzug und einen leichten Trenchcoat und hatte sein tragbares Telefon sicher in einem ledernen Aktenkoffer untergebracht. In der Bahn wimmelte es von späten Schwelgern und sonstigen heimfahrenden Büroangestellten, und das Schwanken und Wanken des uralten Waggons führte dazu, daß ihm sauübel wurde. Als es dann einen plötzlich Ruck gab, wußte er, daß er sich übergeben mußte. Also öffnete er den Aktenkoffer und göbelte ihn fast randvoll.

Am nächsten Tag erwachte er mit einem abscheulichen Kater. Dann fiel ihm schaudernd der Aktenkoffer ein, und er dachte daran, daß seine Frau ihm unten das Frühstück machte. Er sprang aus dem Bett, eilte nach unten und stürmte in die Küche – gerade noch rechtzeitig, um zu sehen, wie sie den Koffer an sich nahm.

»Mach ihn nicht auf!« stieß er hervor.

»Warum denn nicht?« fragte sie und öffnete ihn, ohne sich um ihn zu scheren. Der Koffer war völlig leer. An diesem Morgen mußte die Gattin eines anderen Mannes einen ziemlich üblen Schock erleben ...

Der Siebenschläfer

Ein anderer Stadtfrack, den mein Kumpel kannte, spuckte auch nicht rein. Auch er nahm meist den letzten Zug nach Hause, damit er möglichst lange in der Kneipe bleiben konnte. Aber er schlief fast immer ein, verpaßte seine Haltestelle und kam erst an der Südküste wieder zu sich, wo die Strecke endete.

Schließlich meinte er, die einzige Lösung seines Problems bestünde darin, sich einen sauteuren, protzigen Wecker mit allen Schikanen zuzulegen. Den stellte er ein, damit er ihn kurz vor seiner Haltestelle aus dem Schlaf riß. Die teure Uhr schlug zwar Alarm, doch leider gelang es ihr nicht, ihn zu wecken, und so wachte er auch diesmal an der Küste auf.

Als er nach dem nächsten Saufabend in den Zug stieg, hängte er sich den schnieken Chronometer verzweifelt ans Ohr und setzte sich zum Schlafen hin.

Leider wurde er am frühen Morgen wieder vom Gekreisch der Möwen geweckt. Und was noch schlimmer war: Man hatte ihm die Uhr geklaut ...

Der Ärmelkotzer

Ein anderer Großstädter, der für eine große Investmentbank arbeitete, war mit einem Kunden auf der Rolle gewesen. Sie hatten sich in allen aktuellen Bars, Karaoke-Kneipen und Stiptease-Schuppen umgesehen. Der Champagner war in Strömen geflossen. Voll abgefüllt erwischte der Banker die letzte U-Bahn nach Hause.

Sie war ziemlich voll, also hängte er sich an eine Halteschlaufe und stützte den Kopf auf seinen Arm. Plötzlich merkte er, daß ihm schlecht wurde, doch die rappelvolle U-Bahn war mitten in einem Tunnel, und warten konnte er nicht mehr. Also optierte er für die einzige vorhandene Möglichkeit: Er hielt den Ärmel an seinen Mund und göbelte in das Innere seines Regenmantels.

Peinlicherweise hatte er es am nächsten Tag vergessen, als er – im frisch gereinigten Anzug – den Mantel vom Haken nahm und ihn anzog.

Ebenso weit verbreitet wie Großstadt-Suffgeschichten sind Erzählungen über ländliche Trunkenbolde, doch der andersartigen Natur der Dinge auf dem Lande entsprechend kommen darin mehr Tiere und viel weniger U-Bahnen vor. Der bäurische Laberkopf muß wohl von einem langsameren Lebensrhythmus – Stille und schierer Langeweile – angetrieben werden, ehe er mit Geschichten aufwartet, die vom Saufen und Verarschen handeln:

Die gefräßige Eule

Ein Freund meines Vaters schickerte immer in derselben Kneipe, unten an der lauschigen Landstraße, und hatte die Gewohnheit, ein Stück Fleisch in der Tasche mitzunehmen.

Er wankte jeden Abend stark angesäuselt aus dem Lokal, nahm das Fleischstück aus der Tasche und hielt es über seinen Kopf. Eine in der Nähe nistende Eule stieß dann jedesmal lautlos zu ihm hinab, grabschte sich das Fleisch und flog auf einen Baum, um es zu fressen.

Eines Abends, als er die Kneipe nach einem besonders harten Besäufnis verließ, verspürte er den überwältigenden Drang, auf der Stelle seine Blase zu leeren. Also wankte zu einem passenden Gebüsch und tat es. Die gefräßige Eule zischte sichtlich verwirrt heran und streckte die Krallen aus, um nach der ihr zustehenden Fleischportion zu greifen . . .

Was mal wieder zeigt, daß nicht immer nur Frühaufsteher die dickste Portion abkriegen.

Die Scherzkekse von Lincolnshire

Ein Freund, der j.w.d. in Lincolnshire wohnt, hat mir von einem seltsamen Ereignis in seinem Stammlokal erzählt.

Ein Stammgast, ein älterer Schickerbolzen, kam immer mit einem altmodischen Karren und einem ausgemergelten Gaul zur Tränke. Wenn er sie verließ, war er sternhagelvoll, und dann krachte er ständig gegen die Autos auf dem Parkplatz und beschädigte Mauern und Hecken. Aber das war noch nicht alles, denn sein Gaul hinterließ vor der Kneipe regelmäßig dampfende Scheißhaufen, in die die anderen Gäste dann reinlatschten.

Insgesamt waren der alte Knabe und sein antiquiertes Transportmittel nicht gern gesehen, und so nahmen sich die Stammgäste eines Abends vor, ihm eine Lehre zu erteilen. Als der alte Süffel zur Sperrstunde rauskam und feststellte, daß Pferd und Wagen verschwunden waren, wankte er zu Fuß nach Hause.

Als er schließlich dort ankam, sah er, daß Pferd und Wagen schon da waren – unglaublicherweise in das Wohnzimmer seines winzigen Landhäuschens gequetscht. Der Teppich war völlig ruiniert.

Das trunkene Roß

Der gleiche Freund hat mir von einem anderen Original aus seinem Nachbardorf erzählt, das mehr oder weniger am Ende der Welt liegt. Der Typ war Bauer und kippte sich gern einen hinter die Binde. Da er ziemlich weit von der nächsten Destille entfernt wohnte, kam er immer auf einem Gaul zur Kneipe geritten, denn den Führerschein hatte er wegen seiner Sauferei längst verloren. Die Einheimischen gingen davon aus, daß der Klepper den Weg besser kannte als der alte Suffkopp, weil er meist schon von seinem Schwarzgebrannten knülle war, wenn er sich zur Kneipe aufmachte.

Eines Abends, als der Bauer wieder mit seinem Gaul erschienen war und sich, wie üblich, an der Theke zuschüttete, wollten ein paar Einheimische ihm einen Streich spielen und brachten dem Pferd einen Eimer Bier. Schließlich watschelte der Bauer, voll wie eine Haubitze, aus der Kneipe und schwang sich auf sein Roß. Das arme Vieh, nicht weniger blau als er, fing sofort an zu torkeln und fegte durch das ganze Dorf, wobei es unzählige Schäden anrichtete, ehe der örtliche Bobby sich zum Eingreifen gezwungen sah.

Der arme alte Bauer kriegte eine Anzeige wegen Trunkenheit auf einem noch betrunkeneren Pferd und bekam Reitverbot. Wie man hört, reitet er nun auf seinem preisgekrönten Stier zur Kneipe, an den sich niemand rantraut.

NICHT TOTZUKRIEGENDE WEISHEITEN
Trinken

- Wenn man von Pernod besoffen wird, reicht am nächsten Morgen ein Glas Wasser, und man ist wieder blau.
- Sonnenschein steigert die Wirkung von Alkohol.
- Kneipenuhren gehen immer fünf Minuten vor.
- Katerheilmittel: ein saftiger Braten; Rosinen; Eier und ein Guinness; ein Glas Bier am nächsten Morgen.
- Katervorbeugung: Trink etwas Milch, um den Magen zu »säumen«; Schnäpse nicht durcheinander trinken; Schnäpse immer pur trinken; etwas mit Curry essen.
- Nach Sauftouren kommt man immer irgendwie nach Hause.
- Wenn man blau ist, ist man zärtlicher im Bett.
- Es liegt immer am Kebab, wenn einem schlecht wird, nie an den elf halben Litern Bier.
- Mit wieviel Geld man auch auf eine Sauftour geht – am Ende hat man immer weniger, als man für den letzten Bus nach Hause braucht.
- Wenn man einmal schiffen gegangen ist, kommt man von der Toilette nicht mehr runter.
- In afrikanischem Bier findet man immer einen dicken Käfer.

GEHIRNNAHRUNG

Abscheuliche Anekdoten à la carte

Falls es überhaupt etwas gibt, von dem der aufrechte Brite nicht erträgt, daß man Scherze damit treibt, so ist es sein tägliches Brot, und jede ausländische Abweichung von Fleisch und Gemüse hält er für den persönlichen Auswurf des Teufels. Doch wenn der Magen der beste Weg zum Herzen eines Mannes ist, so ist die Angst vor ausländischen (oder gar tierischen) Gerichten oder sonstigen ungerechtfertigten Zusätzen eine verlockende Seitenstraße. Unser Appetit auf magenaufwühlende und darmsprengende Geschichten ist unersättlich, und halbgare Sagen von besonderem Wohlgeschmack stehen immer auf dem Gesprächsmenü . . .

Sie planen eine Diät? Lesen Sie weiter . . .

Hundefutter

Ein Hüne aus Rochdale kaufte sich ein Steak, das für eine ganze Familie gereicht hätte, und dazu eine Nierenpastete. Er dünstete sie sorgfältig, erhitzte ein paar breiige Erbsen, brötschelte Pommes frites und deckte den Tisch.

Als er fast die ganze Ladung verzehrt, mit einer Riesentasse starkem Tee hinuntergespült und die letzte Gabel gefüllt hatte, stieß sein Utensil auf etwas Metallisches. Er fuhrwerkte mit der Gabel herum und angelte schließlich einen Ring mit einer seltsamen Metallscheibe vom Teller.

Es war eine Hundemarke mit dem eingravierten Namen »Bello«.

Pudel à la Chinoise

Ein reiches Ehepaar ging mit seinem Pudel zum Essen in ein gutbesuchtes neues China-Restaurant.

Während sie aßen, winselte der verzogene Köter in einer Tour, so daß die Frau einem Kellner winkte, der zu ihr hinüberkam. Sie erkundigte sich, ob er eventuell ein Freßchen für den Hund auftreiben könne, damit er sich nicht ausgeschlossen fühlte.

Der Kellner hatte sie eindeutig nicht verstanden, also wiederholte sie es noch einmal – diesmal lauter und langsamer. Der Kellner schüttelte den Kopf und grunzte.

Die Frau (die einige Zeit damit verbracht hatte, im ganzen britischen Empire herumzureisen, als es noch eins gab) fing an, ihm ihren Wunsch mit Gesten zu erklären. Sie deutete auf den Pudel, dann auf ihren Teller, dann auf ihren Bauch und sagte dazu »Happi happi«.

Da erhellte sich das Gesicht des Kellners, und er bedeutete ihr, er habe verstanden. Er beugte sich vor, entnahm ihrer Hand die Hundeleine und zog den munteren Pudel mit sich fort.

Zwanzig Minuten später brachte er ihn an den Tisch des Ehepaares zurück. Doch zum Entsetzen der beiden lag er nun gebraten auf einem Silberteller. Er hatte eine Orange im Maul und war hübsch garniert.

Diese Sage wird oft mit einem höhnischen Anflug an Rassismus über chinesische oder indische Restaurants erzählt. Sie spielt auf die tiefverwurzelte Angst des Angelsachsen vor jeglichem Ausländischen – speziell »scharfem« Essen – an. Varianten des Themas sind:

»Unser Chinese ist von der Polizei und vom Gesundheitsamt hochgenommen worden. Der Laden mußte geschlossen werden; im Kühlraum hingen halb verzehrte Schäferhunde an den Fleischerhaken, und in den Mülltonnen lagen Katzenkadaver...«

Dem folgt oft: »Nun ja, in China ißt man doch Hunde, oder etwa nicht?«

»In Frankreich ißt man zu Mittag sogar Derbysieger.«

»Die Italiener machen aus unseren nach Süden fliegenden Singvögeln Pasteten.«

Oder der Evergreen: »In Hongkong gibt es spezielle Tische mit Löchern drin, die sich um Affenhälse schließen. Man schlägt ihnen die Schädeldecke ab und ißt ihr Gehirn...«

Und dann gibt's noch die Erwiderung: »Na ja, wenn's gut schmeckt, kann man sich doch nicht beschweren.« Das Wissen *um die Sache ist widerwärtig, und so war es immer, seit Fritz Haarmann seinen neuen Pastetenstil kreiert hat. Da wir gerade von geheimnisvollen Zutaten sprechen...*

Gegrillte Ratte

Eine Freundin von mir wollte bei uns ins Kino gehen, um sich die neueste amerikanische Leinwandgranate anzusehen. Da sie leichten Kohldampf verspürte, ging sie vorher in eine sehr bekannte Schnellimbiß-Filiale, kaufte sich eine Schachtel Grillhähnchen auf Südstaatenart und nahm sie mit.

Da sie etwas zu spät kam, war es im Kino schon dunkel, und sie setzte sich in die letzte Reihe. Der Film fing an, sie griff in die Schachtel und mampfte sich durch den ganzen Streifen.

Als die Lampen wieder angingen, warf sie einen Blick in die Schachtel und erblickte zu ihrem Entsetzen eindeutig den Schwanz einer gegrillten Ratte.

Kuckuck!

Eine Familie, die mein Freund kennt, verzehrte zum Abendessen ein Fertiggericht aus Hackfleisch, Kartoffelbrei, Pommes frites und Bohnen, das sie in einem Geschäft gekauft hatte. Man hatte schon oft in dem Laden eingekauft. Das Essen schmeckte. Sie freuten sich über die Bequemlichkeit des Fertiggerichts, das ihnen mehr Zeit gab, das Leben zu genießen.

Die Tochter haute ordentlich rein – bis ihre Gabel auf etwas Hartes traf. Da sie glaubte, es sei ein Knorpelstück, pellte sie die gebräunte Panierung ab und schaute hinein.

Zu ihrer Bestürzung steckte in dem Hackfleisch ein menschliches Glasauge, das sie mit stechendem Blick anstarrte.

Brot mit Einlage

Ein paar Leute in unserer Straße hatten ein Päckchen geschnittenes Brot gekauft, doch als sie es aufmachten, fanden sie zu ihrem Schrecken einen Finger in der Mitte des Laibs.

Obwohl das Brot geschnitten war, war der Finger komischerweise an einem Stück. Und was noch seltsamer war: In der Bäckerei hatte niemand einen Unfall gemeldet.

Mäusebrot

Eine Familie aus Yorkshire saß beim Abendessen und schnitt Brot, um Stullen zu machen. Vater schnitt eine Scheibe ab, die so aussah, als hätte sie einen kleinen schwarzen Fleck in der Mitte. Der Fleck wurde mit jeder weiteren Scheibe größer – bis die vor Schreck gelähmte Familie nach und nach die Umrisse einer toten Maus erkannte, die in das Brot eingebacken worden war.

Die Wanderleber

Die Mutter meines Freundes hatte versäumt, für das Abendessen der Familie einzukaufen, und da sie kaum etwas im Haus hatte, lief sie schnell in die nächste Metzgerei.

Leider hatte die Metzgerei bis auf ein Stuck Leber, das nicht mehr ganz einwandfrei aussah und deutlich am Rande des Verfallsdatums war, alles ausverkauft. Doch da man es ihr billig lassen wollte, nahm sie es mit. Sie legte das Schnäppchen in den Kühlschrank und widmete sich ihren sonstigen Pflichten.

Als sie ein paar Stunden später den Kühlschrank öffnete, um das Abendessen zu machen, war die »Leber« zu ihrem Entsetzen an einer Milchflasche hochgekrochen.

Stille Wasser sind tief (und dreckig)

Bei uns um die Ecke standen ein paar Einfamilienhäuser, die dringend renoviert werden mußten. In ihnen wimmelte es von Kakerlaken und Silberfischen, und sie waren ständig feucht. Die Mieter beschwerten sich, bis sie schwarz wurden, aber es passierte eigentlich nichts, um die Situation zu ändern – bis der ganze Block schließlich die Scheißerei kriegte.

Alle waren elend krank, aber niemand konnte sagen, wieso die Krankheit auf eine bestimmte Gegend begrenzt war – bis dann das Gesundheitsamt siebzehn tote Tauben im Wassertank des Blocks fand.

[Siehe »Ein köstliches Tröpfchen« in **Großstadt-Klassiker**.*]*

Der Scheißhaus-Zwischenfall

Eine Freundin meiner Freundin ging mit einem neuen Bekannten in ein Schickimicki-Bistro in Chelsea, doch als sie gerade aßen, wurde sie von einem dringenden Bedürfnis überfallen. Sie erkundigte sich nach der Toilette und wurde durch mehrere Gänge zu einem winzigen WC dirigiert, wo sie sich erleichtert entleerte.

Doch als sie die Spülung betätigen wollte, erschrak sie gleich dreifach: Erstens hatte sie einen riesigen Haufen gemacht; zweitens klopfte jemand an die Tür, der herein wollte; und drittens funktionierte die Wasserspülung nicht.

Sie faßte blitzschnell den Entschluß, den dicken Haufen mit Toilettenpapier aus der Klosettschüssel zu holen[1] und durch das Fensterchen zu werfen. Nachdem sie es getan hatte, kehrte sie verlegen an ihren Tisch zurück.

Gegen Ende des toll verlaufenen Abends half der Bekannte ihr in den Mantel, und sie traten in den Mondschein hinaus. Wenige Schritte

1 Würg! (Anm. d. Übers.)

weiter rutschte sie auf »irgendeinem braunen Zeug« aus, verlor das Gleichgewicht und landete auf dem Pflaster.

Da zu dem »braunen Zeug« auch Toilettenpapier gehörte, hatte sie keinen Zweifel mehr daran, daß sie ihrer eigenen Auswurf-Entfernungstechnik zum Opfer gefallen war.

Russische Würstchen

Wie verlautet, wurde kürzlich eine in Rußland zum Verkauf angebotene Würstchenlieferung von hungrigen Moskowitern in der gleichen Minute aufgekauft, in der sie eintraf.

Der behördliche Versuch, die Würstchen mit der Warnung, sie bestünden »zu 70 Prozent aus Rattenfell« aus dem Verkehr zu ziehen, kam zu spät.

Hirn auf Eis

Vor dem Untergang des Kommunismus in der alten Sowjetunion waren – im Gegensatz zu heute – dort Nahrungsmittel oft knapp, besonders Fleischprodukte.

In einem Moskauer Supermarkt brach eine Frau zusammen, die stundenlang in einer langen Schlange vor der Kasse angestanden hatte. Als die besorgten Angestellten ihr eilig die Kleider öffneten, stellten sie fest, daß die Frau einen Versuch gemacht hatte, ein tiefgefrorenes Huhn zu stehlen: Sie hatte es unter ihrer riesigen Pelzmütze aus dem Laden schmuggeln wollen.

In einer besonders eigentümlichen Erzählvariante hatte das stibitzte Geflügel ihr Gehirn eingefroren, und sie war mausetot.

Die Erbsenzählerin

Wir kennen ein älteres Ehepaar aus dem vornehmen Viertel Enfield im Londoner Norden, das zwar seit fünfundvierzig Jahren verheiratet ist, aber nur wenig Gemeinsamkeiten hat.

Nachdem ihre erwachsenen Kinder eigene Familien gegründet hatten, entwickelten sie nach und nach unausgesprochenen Haß auf die jeweiligen Eigenarten des anderen und machten sich gegenseitig das Leben schwer. Nach außen hin taten die beiden jedoch so, als störten sie die Macken des anderen nicht. Sie fochten eine stille, wütende Schlacht aus, die in den fünfundzwanzig Jahren, in denen die Kinder aus dem Haus waren, immer schlimmer wurde.

Die schlimmste Angewohnheit des Mannes, die die Frau auf die Palme brachte (und das wußte er), bestand darin, daß er immer, wenn sie zum Abendessen Erbsen auf den Tisch brachte (und das kam nicht selten vor), eine Erbse auf dem ansonsten ratzekahl abgeräumten Teller liegenließ.

Vier Jahrzehnte lang schaute die Frau auf den Tisch, sah Messer und Gabel fein säuberlich neben der einsamen Erbse aufgereiht liegen und erblickte das gemeine Grinsen ihres Gatten. Er hielt sich für ungeheuer witzig.

Vor ein paar Jahren klinkte sie dann aus. Sie hatte zum Abendessen Backfisch, Pommes frites und Erbsen gemacht, und wie immer ließ der garstige Gatte eine Erbse auf dem Teller zurück. Doch als er sie diesmal mit seinem selbstgefälligen zufriedenen Grinsen bedachte, warf sie sich über den Tisch, nahm die Erbse vom Teller und klatschte sie ihm fest auf die Glatze.

ff Erdnüsse

Eine Gesundheitsfürsorgerin, mit der mein Bruder bekannt ist, besuchte im Norden von London regelmäßig einen alten Kauz. Jedesmal, wenn sie bei ihm aufkreuzte, kredenzte er ihr etwas zu essen: Kuchen, Kekse oder Butterbrote. Er sehnte sich geradezu nach ihren Besuchen.

Eines Tages fühlte er sich nicht ganz wohl, und so schaute sie unangemeldet bei ihm rein. Er freute sich zwar sehr, sie zu sehen, aber es war ihm unangenehm, weil er ihr außer einem Beutelchen mit Erdnüssen nichts anbieten konnte.

Sie nahm eine Handvoll und mümmelte sie. Der alte Kauz sagte, sie solle das Beutelchen ruhig leeren, und so verputzte sie noch eine Ladung.

»Ich kann sowieso keine Erdnüsse essen«, erklärte er. »Sie bleiben immer in meinem Gebiß stecken.« Und dann fügte er hinzu: »Ich lutsche immer nur den Schokoladenüberzug ab.«

Der Gurkenmann

Eines Abends erlebte das Mambo, ein Club im Londoner Stadtteil Brixton, das für seine südamerikanische Musik und sein kosmopolitisches Publikum bekannt ist, ein tolles Spektakel: Ein südamerikanischer Macho-Typ sorgte auf der Tanzfläche für beträchtliches Aufsehen, was nicht nur an seinen tollen Lambadaschritten, sondern auch an einer gewaltigen Ausbeulung in seiner engen Lederhose lag. Doch nach einer Stunde sinnlichster Bewegungen brach der schweißtriefende Höllentänzer plötzlich keuchend auf der Tanzfläche zusammen. Glücklicherweise befand sich ein Arzt unter den Gästen, der schnell erkannte, daß irgend etwas den Blutkreislauf des Mannes ernstlich behinderte. Als der Arzt den Hosenschlitz des Tänzers öffnete und hineingriff, keuchte die Menge erschreckt auf. Dann zog er eine dicke Gurke hervor, die den Blutfluß in seinen Oberschenkeln unterbrochen hatte. Der Gurkenmann wurde nie wieder im Mambo gesehen.

Großschnauzen

Ein unbeliebtes Rugbyspielerteam aus Bristol hatte sich in einer Kneipe besoffen und wankte kurz vor der Sperrstunde in ein China-Restaurant. Sie hatten die Absicht, so rüpelhaft wie möglich zu den kleinen Kellnern zu sein, und sobald sie satt waren, den Abflug zu machen und die Zeche zu prellen.

Aus diesem Grund bestanden sie auch darauf, in der Nähe der Tür zu sitzen. Sie bestellten gewaltige Mengen an Essen und Getränken, grölten rassistische Lieder und nervten die Leute an den anderen Tischen. Die Kellner bedienten sie zwar, aber sie ignorierten sie auch. Das heißt so lange, bis die Rugby-Typen ihre Mahlzeit beendet hatten und etwas bestellten, das die Kellner zwang, hinter die Theke zu gehen. In diesem Moment sprangen die Flegel auf und wetzten auf die Straße, um sich zu verdünnisieren. Doch die Kellner waren auf alles vorbereitet.

Wenige Sekunden später stürmte ein riesiger Chinese mit Netzhemd und Stirnband auf die Straße. Er schwang ein Hackmesser, das so groß war wie seine Hand, und jagte hinter den zu Tode erschreckten Burschen her. Er packte sie alle auf einmal und warf sie aufs Pflaster. Dann beugte er sich über den Anführer, legte eine Hand auf seine Kehle, holte mit dem Hackmesser aus und ließ es ein paar Millimeter neben dem Kopf des winselnden Typen auf den Boden krachen.

»Nächstes Mal«, fauchte der Chinese mit wutverzerrtem Gesicht, »breche ich dir das Genick!«

Die schlotternden Angsthasen warfen ihm alles Geld zu, das sie bei sich hatten, und machten die Mücke.

NICHT TOTZUKRIEGENDE WEISHEITEN
Essen

- Folgende Dinge sind Aphrodisiaka: Austern, zerstoßenes Rhinozeroshorn, Affengenitalien, Schlangenblut.

- Von amerikanischem Sprudel kriegt man Magenbluten.
- Die Japaner werden größer, weil sie jetzt Hamburger essen.
- Die Methanproduktion von Rindern fördert den Treibhauseffekt.
- Die besten indischen Restaurants sind die, in die die Inder essen gehen.
- Soufflés fallen zusammen, wenn man eine Tür zuschlägt.
- In unseren Speisen ist viel zu wenig Dreck.
- Wer spät abends Käsebrote ißt, kriegt Alpträume.
- Wenn wir wollten, könnten wir auch wieder Gras fressen – weil wir den Blinddarm noch haben.

DES MENSCHEN BESTER FREUND

Die unvorhersehbare Welt der Tiere

Es wird oft gesagt, wir seien eine Nation von Tierfreunden, doch die nun folgenden haarigen Geschichten erwecken nicht den Eindruck, als werde diese Ansicht auch von den Viechern vertreten – und eine Geschichte impliziert sogar, daß manche von uns die Tierliebe etwas zu wörtlich nehmen. Zwar verhohnepiepelt das nachfolgende Bündel von Ammenmärchen den angeblichen Pferdeverstand und deckt die vermeintliche Dummheit der Tiere auf, es beweist aber auch, daß nicht nur Tiere blöd sind. Wir sind so selbstverliebt in die Sorge, die wir unseren Haustieren entgegenbringen, daß ihr Tod eine besondere Saite in uns anklingen läßt – und zwar viel lauter als beim Ableben eines menschlichen Gefährten. Darüber hinaus müssen alle Fifis, Felixe und Hansis für unser täppisches Gestreichel und viele tierische Anekdoten, die gewiß nicht zahm sind, auch noch ihren Buckel hinhalten . . .

Das tote Kaninchen

Mein Schwager kennt einen Cockney-Typen, der sein Glück gemacht hatte und mit seiner Familie ins Grüne zog, in ein echt piekfeines Dorf auf dem Land.

Er und seine Familie waren aber in der neuen Umgebung nicht sehr beliebt, weil sie abends ewig die Autotüren zuknallten und einen unheimlich aufgedrehten Hund hatten, der ewig Krach machte, Radfahrer jagte und auf den umliegenden Feldern jagen ging.

Eines Tages kam der Köter mit einem Kaninchen zwischen den Zähnen an. Es war kein gewöhnliches Kaninchen, sondern eindeutig ein zahmer Hase – zu allem Übel auch noch der von nebenan. Der Nachbarsjunge würde über das Schicksal seines geliebten Häschens kaum hinwegkommen, und seine Mama hatte in der Umgebung allerhand Einfluß.

Der Cockney überlegte fieberhaft, wie er die Sache hinbiegen konnte. Zum Glück hatte der Hund den Hasen nicht angefressen, er war nur beim Spielen schmutzig geworden. Wahrscheinlich war er an einem Schock gestorben. Der Cockney nahm das bepelzte Opfer und machte es sauber. Er wusch den Hasen sogar mit Shampoo, fönte ihn ab, schaute dann schnell nach, ob jemand nebenan war, sprang über den Gartenzaun und legte ihn auf das Strohlager seines Stalls.

Irgendwann am Wochenende, er saß gerade im Garten und trank ein Bier, erblickte er seine Nachbarin. Nun kam das Gespräch, vor dem er sich gefürchtet hatte . . .

Die Nachbarin sagte, Klein-Jimmy sei furchtbar aufgeregt. »Wegen des Hasen«, sagte sie. Der Cockney fühlte sich saumäßig elend.

»Ich habe ihn erst Mittwoch begraben, aber Freitag war er wieder in seinem Stall.«

Die hungrigen Chihuahuas

Eine wohlhabende alte Jungfer, die in einem angesehenen Viertel von Nuneaton wohnte, war mehrere Tage nicht mehr gesehen worden, obwohl man sie normalerweise – in ihren teuersten Pelz gewickelt – tagtäglich mit ihren drei kleinen Chihuahuas durch die Straßen zum Park hinuntergehen sah.

Also suchte eine Nachbarin sie auf, um nachzuschauen, ob mit der alten Dame alles in Ordnung war; schließlich war sie alt und gebrechlich. Als die Nachbarin vor ihrem Haus stand, entdeckte sie die Milchflaschen der letzten zwei Wochen vor der Tür, und da auf ihr Klingeln niemand antwortete, rief sie die Polizei an.

Die Bullen rückten an und brachen die Tür auf. Es stank eklig. Als sie auf die Leiche stießen, fiel einer der Beamten in Ohnmacht.

Die hungrigen Chihuahuas hatten am Gesicht und den Gliedmaßen der alten Dame genagt.

Der Schwerhörige

Einem uns bekannten Rechtsanwalt zufolge wollte eine Frau vor einem Waliser Gericht in den siebziger Jahren ihre Ehe scheiden lassen, da sie angeblich nie vollzogen worden war. Das einzige Problem bestand darin, daß die Frau zu diesem Zeitpunkt hochschwanger war.

Der Richter deutete mit einem sanften Grinsen an, daß ihr Zustand seiner Urteilsfähigkeit einiges abverlangte: Entweder sei die Ehe vollzogen worden, oder die Frau sei untreu gewesen. Die Frau stritt beides ab und erklärte in offener Einfalt, sie habe sexuelle Beziehungen zu einem Geist[1]. Der Richter verzog keine Miene; er fragte das Publikum, ob schon mal jemand Geschlechtsverkehr mit einem Geist gehabt hätte. Zu seiner Überraschung schaute sich ganz hinten im Saal ein rotgesichtiger Bauer um und hob schüchtern die Hand.

»Sie hatten wirklich Geschlechtsverkehr mit einem Geist?« brüllte der Richter genervt.

»Oh«, sagte der alte Knabe kreidebleich, »ich dachte, Sie hätten Ziege[2] gesagt.«

Die Kakerlaken-Invasion

Zwei Freunde von mir wohnten in einem verwahrlosten Studentenheim in Hulme, Manchester, das durch und durch von ekligen Insekten verseucht war. Jeden Abend, wenn sie von ihrer Verbindung nach Hause kamen und im Korridor das Licht einschalteten, hörten sie auf dem Linoleum in der Küche ein lautes Klicken und Rascheln. Aber wenn sie durch die Küche zur Toilette gingen, sahen sie nie eine Spur von den Insekten. Die Viecher waren sauschnell!

Eines Abends kamen sie von einer Sitzung, doch als sie in den Korridor gingen und das Licht einschalteten, hatte man ihnen den Strom

1 Geist = engl. ghost
2 Ziege = engl. goat

abgedreht. Nun mußten sich beide den Weg zur Toilette in nachtdunkler Schwärze ertasten, wobei das Geknirsche unter den Füßen sie bei jedem Schritt ganz schön nervös machte. Hinterher gingen sie zu Bett.

Als sie am nächsten Morgen den Linoleumboden in der Küche sahen, wurde ihnen beinahe schlecht. Überall, wo sie hingetreten hatten, lagen absatzförmige Stapel zermatschter Kakerlaken.

Das gierige Krokodil

Ein abenteuerlustiger Freund meines alten Schulkameraden reiste nach Australien, um Krokodile zu fotografieren. Obwohl sein Führer ihn mehrmals gewarnt hatte, nicht zu nahe an die Biester heranzugehen, machte ihn seine Leidenschaft für tolle Aufnahmen leichtsinnig.

Und das ging übel aus, denn ein großes Muttertier mit narbigem Kopf schlich von hinten an ihn heran und fiel ihn an: Es riß ihm einen Arm ab und verschlang ihn mitsamt der teuren Kamera. Der Führer schleppte den vor Schmerzen halb weggetretenen Mann in ein nahes Krankenhaus, wo das Opfer mit Schmerzmitteln vollgepumpt und die Wunde genäht wurde.

Da der Mann seinen Arm unbedingt wieder angenäht haben wollte, verließ er gegen den Rat der Ärzte das Krankenhaus. Bis zur Oberkante der Unterlippe voll mit Drogen und trotz großer Schmerzen kehrte er mit einem erfahrenen Krokodilkiller der Polizei an den Ort des Geschehens zurück und suchte nach dem gemeinen Reptil, das ihm den Arm gestohlen hatte.

Nachdem sie das Biest aufgespürt hatten, wurde es von dem Polizisten erschossen und aufgeschlitzt. Dann zogen sie den Arm des Mannes heraus, der die Kamera noch immer hielt – und sahen zu ihrem Entsetzen, daß sich im Magen des Viehs drei weitere abgetrennte Arme befanden, deren Verlust bisher niemand gemeldet hatte.

Die Labrador-Schußfahrt

Ein Freund meines Onkels arbeitete an seinem Ford Escort auf einem Hügel in Ilford, wo er auch wohnte. Um seinen Labradorhund nicht aus den Augen zu verlieren, hatte er ihn im Wagen eingeschlossen. Der Mann war gerade unter dem Motor zugange, als er ein knurrendes Geräusch hörte, dem ein metallisches Scheppern folgte.

Urplötzlich rollte der Wagen vorwärts; der Mann konnte sich gerade noch retten. Er traute seinen Augen nicht, als er sah, daß der Hund die Handbremse gelöst hatte und mit den Vorderpfoten auf dem Lenker stand, als würde er fahren. Der Mann war so überrascht, daß er nicht schnell genug war, um die Tür zu öffnen. Der Escort raste den halben Hügel hinab und demolierte die Ligusterhecke seines Nachbarn.

[*Mehr über Irrsinn am Lenker siehe* **Ärger mit dem Untersatz**.]

Skorpion in Rückenlage

Ein Ehepaar in den mittleren Jahren reiste zu einem Verwandtenbesuch nach Australien. Da die beiden große Naturfreunde waren, wollten sie einen Ausflug in den Busch machen. Und so übernachteten sie in einer primitiven Hütte in der Wildnis.

In der ersten Nacht, die sie dort verbrachten, blieben sie lange auf und malten sich aus, was sie für tolle Dinge erleben würden. Als sie schließlich ihr hartes Einzelbett aufsuchten, blieben sie eine Weile auf dem Rücken liegen und lauschten aufgeregt den Geräuschen der Wildnis. Und dann – zum ersten Mal seit langer Zeit – liebten sie sich.

Am nächsten Morgen erwachten sie nebeneinander mit steifen Gliedern. Der Mann sprang aus dem Bett und zog die Vorhänge auf. Als er sich zum Bett umdrehte, schrie er seiner Frau zu, sie solle aufspringen.

Mitten auf der Decke saß ein zuckender, tödlicher Skorpion. Er war die ganze Nacht dort gewesen. Zum Glück lag er auf dem Rücken – aber bekanntlich können Skorpione nur zustechen, wenn sie auf den Beinen stehen.

Ein schräger Vogel

Eine Freundin meiner Mutter kannte eine Frau, deren Mann einen geschwätzigen Papagei gekauft hatte, doch der Vogel ging ihr zunehmend auf den Wecker. Der Papagei schien zwar irgendwie zu spüren, daß die Frau ihn nicht leiden konnte, aber er hat sie nie gebissen und ihr auch sonst nie etwas getan.

Es gab aber noch etwas, das die Frau mehr auf die Palme brachte als der Papagei: Immer wenn sie vor dem Fernseher saß, um sich ihre Lieblingssendung anzusehen, schaltete der Apparat auf einen anderen Sender um, und sie mußte mit der Fernsteuerung zurückschalten. Doch dann wechselte der Apparat wieder das Programm. Dieser Mist ging wochenlang so weiter; hauptsächlich dann, wenn ihre Lieblingssendung lief.

Eines Tages war eine Freundin mit ihrem Hund bei ihr. Als die Lieblingssendung der Frau begann, schaltete der Apparat wieder um, und der Hund sprang auf und blaffte den Papagei an. Die Frau schaltete wieder zurück, und es passierte das gleiche.

Später stellte sich heraus, daß der Papagei offenbar gelernt hatte, die Ultraschalltöne der Fernbedienung zu imitieren. Er nutzte sein Talent, um seine Widersacherin so auf die Palme zu bringen.

Natürlich weiß jeder, daß Fernbedienungen beim Senden von Signalen gar nicht mit Ultraschall arbeiten; in Wirklichkeit setzen sie Strahlen ein.

Yogi-Bär und seine Freunde

Eine englische Familie, die mit einem gemieteten Kombiwagen eine Rundfahrt durch den bekannten amerikanischen Yellowstone-Nationalpark machte, mußte abrupt anhalten, als sie von einer Meute großer Bären umzingelt wurde.

Nach einer Weile wollten die Leutchen langsam zwischen den Bären fahren, also sorgten sie dafür, daß die Fenster weiter geschlossen waren. Als sie losfuhren, stellten sie fest, daß einer der Bären ihnen mit aggressivem Heulen dichtauf folgte. Sie legten etwas Tempo zu, doch der heulende Bär lief schneller und blieb ihnen dicht auf den Fersen.

Schließlich war der Wagen so schnell, daß der erschöpfte Bär auf den Bauch fiel, auf dem Weg liegenblieb und in den hellsten Tönen schrie. Als die Familie wieder im Hotel war, ging sie zum Kofferraum, um den Picknickkorb herauszuholen. Dabei entdeckte sie zu ihrer immerwährenden Schande ein blutiges Stück Fell und zwei Klauen des unglücklichen Bären, die sich hinter der scharfen Chromstoßstange des Kombis verklemmt hatten.

Jede Ähnlichkeit zwischen dieser Geschichte und »Die Skinheads von Edinburgh« (siehe **Großstadt-Klassiker***) ist völlig beabsichtigt und dient nur der Zeilenschinderei.*

Affentheater

Eine klassische englische Sage handelt von den Menschen in Hartlepool an der Nordostküste, einem angeblich einfältigen Völkchen, das in der Zeit, in der die Geschichte spielt – am Anfang des 19. Jahrhunderts, während der napoleonischen Kriege – noch einfältiger war.

In der Nordsee wurde nämlich ein Verband französischer Schiffe gesichtet, den die englische Marine aufgebracht und buchstäblich vernichtet hatte. Doch eins von Napoleons Schiffen wurde entdeckt, als es vor der Küste von Hartlepool kreuzte, und so entsandte man die einheimischen Helden, um es für König und Vaterland zu kapern.

Den Hartlepoolern fiel dies nicht schwer, denn es war keine Mannschaft an Bord. Sie fanden nur ein Äffchen in der Uniform der Marine Napoleons. Da die braven Kerle aus Hartlepool noch nie einen Franzosen gesehen und somit auch keine Vergleichsmöglichkeit hatten, nahmen sie ihn als feindlichen Seemann fest. Dann wurde der Affe vor Gericht gestellt, schuldig gesprochen und zum Tod durch den Strang verurteilt. Und da niemand für ihn aussagte ...

Diese Geschichte ist für die Hartlepooler noch heute eine Quelle manchen Unbehagens. Die Jungs aus den Nachbarstädten Sunderland, Newcastle und Middlesbrough, die sie natürlich auch kennen, verkleiden sich hin und wieder, wenn sie Unfug machen wollen, als Affen und ziehen durch die Hartlepooler Kneipen – verfolgt von Scharen schäumender Einheimischer, die ein Hühnchen mit ihnen rupfen wollen.

Die Verbreitung dieser Sage zeigt einen weiteren Aspekt auf: Auch in Kent leben Menschen, die schwören, daß die affenhängenden Dörfler Bewohner ihrer Grafschaft gewesen seien – alle Details inklusive. Sollten Sie weitere Orte kennen, die sich mit Hartlepool um diese zweifelhafte Ehre raufen, würden wir gern davon erfahren.

Nur der Vollständigkeit halber: In der Cleveland Street in London W1 gibt es eine Kneipe, in der die ganze leidige Geschichte schriftlich aushängt.

Billy der Seehund

In den dreißiger Jahren gab es im Victoria Park in Cardiff einen kleinen Zoo, in dem ein Affe, ein paar Hirsche und ein Seehund namens Billy residierten. Einmal regnete es tagelang so schlimm, daß die ganze Stadt überflutet wurde. Die Überschwemmung war so stark, daß der Park unter Wasser stand und dem Seehund Billy die Flucht gelang.

Für die Behörden war er nicht faßbar, doch gesichtet wurde er überall und nirgends. Ein Zeuge sagte sogar aus, er hätte ihn in die Straßenbahn einsteigen sehen. Doch schließlich machte der Hunger Billy fertig. Unser schlüpfriger Freund wurde schließlich nach zwei Wochen in Freiheit erwischt, als er versuchte, einen Fischhändler zu beklauen.

Der Schnurrmotor

Dann gibt's noch die nicht totzukriegende Geschichte von dem Studenten, der am Semesterende von York nach London zurückfuhr: Am letzten Abend packte er seine ganze Habe zusammen, überprüfte seinen Wagen und ging einen trinken. Am Morgen stand er früh auf, setzte sich sofort in sein Auto und legte die Strecke nach Süden ohne Pause zurück.

Als er vor dem Haus seiner Eltern stand, stieg er aus und entlud den Wagen. Da hörte er ein leises Winseln. Er stellte fest, daß es unter der Kühlerhaube hervorkam, und als er sie öffnete, fand er das verrußte, ängstliche Kätzchen seines Zimmergenossen, das auf dem Luftfilter saß.

»Galgenstrick«-Hannah

Irgendwelche Verwandte eines Burschen, den ein Freund von mir kennt, wohnen in Irland auf dem Land und sind von den Errungenschaften der modernen Welt ziemlich abgekapselt: Es ist eine Großfamilie, die von einer gefürchteten Matriarchin beherrscht wird. Man nennt sie »Galgenstrick«-Hannah, weil sie ihre Hunde nicht sterilisieren läßt und sich die Welpen gnadenlos vom Halse schafft.

Hannah hat außerdem vier kräftige Jungs. Eines Abends kehrten die Burschen nach einer ihrer üblichen Sauftouren nach Hause zurück und wollten Teewasser aufsetzen. Da das Häuschen nicht an die Wasserleitung angeschlossen war, nahm einer einen großen Kessel und holte Wasser aus der Regentonne, die vor dem Haus stand. Als sie tranken, waren sie einstimmig der Meinung, es gäbe nichts Besseres als eine aus Gottes ureigenem Wasser zubereitete Tasse Tee. Aber heute schmeckte er *besonders* lecker.

Also setzte einer der Jungs dazu an, einen weiteren Kessel aufzusetzen. Doch als er das übriggebliebene Wasser ausgoß, fiel zu seinem Entsetzen ein frisch ersäufter Welpe aus dem Kessel. Hannah hatte mal wieder eine ihrer alten Hunde-Aussortier-Methoden praktiziert.

Omas Zehen

Die gleiche bäuerliche Familie in Irland hatte einen großen, knochigen Hund, der nur selten gefüttert wurde, und eine alte Oma, die wegen ihrer Arthritis von der Hüfte abwärts gelähmt war. Eines Samstagabends gingen »Galgenstrick«-Hannah und ihre Jungs wie üblich auf eine gewaltige Sauftour. Die von ihrem Wolfshund bewachte Oma blieb schlafend vor dem Kamin zurück.

Als sie spät nachts zurückkehrten, verhielten sie sich leise, um Oma nicht zu wecken, die noch immer vor dem Kamin schnarchte. Da sahen sie, daß der Hund an ihren Zehen zerrte.

Als sie ihn weggejagt hatten, stellten sie fest, daß er Omas taube Füße von drei Zehen befreit hatte.

Zwei typisch großstädtische Impressionen über die Unkultur des ländlichen Daseins. Und natürlich sind beide wahr . . .

Der Katzenmörder

Mein Onkel war früher Fernfahrer. Einer seiner Kollegen, der regelmäßig die Strecke Manchester-Glasgow fuhr, hatte ein ziemlich unerfreuliches Erlebnis.

Es war eine kalte Winternacht; es goß in Strömen. Der Fernfahrer hatte zwar die Scheinwerfer und Scheibenwischer eingeschaltet, aber er sah trotzdem nur soviel, um einigermaßen voranzukommen. Tagsüber hatte er einen Platten gehabt, und nun fuhr er zu später Stunde unter abscheulichen Bedingungen und bemühte sich erfolglos, die Zeit wieder aufzuholen. Als er sich fest ans Steuer klammerte und durch die beschlagene Windschutzscheibe blickte, tauchte im Licht der Scheinwerfer plötzlich eine erschreckte Katze auf, die mitten auf der Straße vor Angst erstarrt war.

Er trat auf die Bremse, der Laster rutschte, und es gab einen schrecklichen Bums.

Nun war der Fernfahrer selbst ein Katzenfreund, und da er ein fürchterlich schlechtes Gewissen hatte, sprang er aus dem Fahrerhaus, um das schwerverletzte Tier zu suchen. Da es sich in Agonie auf dem Randstreifen wand, tat er das einzig Anständige: Er holte seinen Spaten und erlöste es von seinen Qualen.

Nach dieser häßlichen Wendung setzte er seinen Weg fort. Später hielt er vor der nächsten Kneipe, um seine Nerven zu beruhigen. Er hatte gerade mit einem halben Liter Platz genommen, als ein Polizist die Kneipe betrat und ihn festnahm. Eine in Tränen aufgelöste alte Dame hatte ihn kurz zuvor benachrichtigt.

Sie war nämlich aus dem Haus getreten, um ihre Katze wegen des abscheulichen Wetters hereinzuholen. Dabei hatte sie gesehen, daß der Fernfahrer die Katze ihres Nachbarn überfahren hatte. Ihre eigene Katze hatte im hohen Gras am Straßenrand gespielt. Der Fahrer war stehengeblieben, ausgestiegen und hatte sie mit einem Spaten enthauptet.

Aus irgendwelchen Gründen leiden Katzen öfter unter unserem Zorn als ihre hündischen Rivalen. Die folgende Geschichte wird oft Reginald Bosanquet zugeschrieben. Ob er sie nun in der Sendung News at Ten *verlesen oder bei seinen zahlreichen Tischreden verwendet hat, ist nicht ganz klar. Aber es scheint viele unterschiedliche Versionen zu geben. Hier ist eine, die wir vor nicht allzulanger Zeit gehört haben:*

Die Feuerwehr, dein Freund und Helfer

Während des Feuerwehrstreiks in den frühen achtziger Jahren setzte die Regierung das Militär zur Brandbekämpfung ein, um die geforderten Lohnerhöhungen nicht zahlen zu müssen. Obwohl die öffentliche Meinung auf Seiten der Feuerwehr war, riefen die Militärs mit den berühmten Green-Goddess-Löschfahrzeugen aus den fünfziger Jahren nostalgische Gefühle hervor. Aus den Soldaten wurden Helden, und aus den Green-Goddess-Löschwagen wurde der Stoff, aus dem die Großstadt-Sagen sind.

Damals wurde eine Green Goddess zum Einsatz geschickt, um in einem gräßlichen Notfall zu helfen – dem schlimmsten Alptraum der Feuerwehr überhaupt: Es ging um die Rettung einer auf einem Baum sitzenden Katze. Das Löschfahrzeug erschien am Ort der Tragödie und wurde jubelnd von einer großen Menschenmenge begrüßt. Die Soldaten verteilten sich, kurbelten die Leiter hoch und schoben sie an den Baum heran.

Ein junger Gefreiter kletterte flink hoch, robbte über den Ast, rettete die arme Mieze und war im Nu wieder unten.

Die Menge johlte begeistert, man schlug den Militärs auf die Schulter und applaudierte. Die Katze gehörte einer alten Dame, die sofort mit einer Kanne Tee herauskam, um den Soldaten ihre Dankbarkeit zu beweisen. Schließlich stiegen die Jungs wieder in die Green Goddess, winkten der aufgekratzten Meute zu, warfen den treuen alten Motor an – und überfuhren die Katze, die sie gerade gerettet hatten, denn sie war wider jeden besseren Rat vor einem der dicken schwarzen Reifen eingeschlafen.

Die Rohrschlange

Seit dem ersten Ölfund im Mittleren Osten heißt es, daß die reichen Araber die piekfeinsten Viertel Londons aufkaufen. Eine dieser Familien besaß eine große Wohnung im schicksten Viertel von Kensington. Ich glaube, sie war sogar adeligen Geblüts oder so.

Jedenfalls zog sie da ein, und die ganze Bande reiste in einem goldverzierten Rolls Royce an. Sie brachten eine Anzahl von Dienern mit, die eigene Quartiere hatten. Es ist ja oft so, daß die, die über Knete verfügen, kurze Arme und tiefe Taschen haben, und diese Sippschaft machte da keine Ausnahme.

Sie zahlten miese Gehälter, doch da die meisten ihrer Angestellten Ausländer waren, gab es keinen Aufstand. Das Dienstmädchen war Portugiesin und sprach kein Wort Englisch oder Arabisch.

Eines Tages, beim Putzen, kam die Portugiesin aus der Toilette gerannt und kreischte wie eine Irre. Da ihre Arbeitgeber nicht verstanden, was sie aufregte, untersuchten sie die Sache. Sie fanden aber nichts.

Es passierte wieder und wieder, daß das Dienstmädchen schreiend aus dem Bad gerannt kam. Doch obwohl es sich mit Hilfe von Zeichensprache zu erklären bemühte, was es so erschreckt hatte, dachten die Araber, sie hätte nicht alle Tassen im Schrank.

Erst als sie erfuhren, daß ein Mieter über ihnen ein exotisches Haustier vermißte, wurde ihnen die Sache klar. Die entflohene Anakonda war ein Riesenvieh. Sie hatte sich in der Wasserleitung des Hauses versteckt, hing im Knick der Klosettschüssel fest und hatte jedesmal den Kopf gehoben, wenn das Dienstmädchen die Toilette schrubben wollte.

In Miami, wo das Problem entwischter Haustiere geradezu epidemische Ausmaße erreicht hat, haben die Behörden einen Typen eingestellt, der herrenlose Hausschlangen, Krokodile, Tiger und Eidechsen jagt, die ihre Besitzer durchs Klo spülen, wenn sie zu groß geworden sind. Aufgrund der reichhaltigen Abfälle Floridas gedeihen sie in der Unterwelt sogar noch besser. Der risikoreiche Job wurde sogar zum Thema eines BBC-Dokumentarfilms gemacht.

Der kannibalische Wolfshund

Diese Geschichte wurde uns in aller Ernsthaftigkeit von einem angesehenen Schneider, einem Stammgast des Lokals Brown Cow am oberen Ende von Bury, Lancastershire, erzählt.

Der Mann hatte seinen irischen Wolfshund Arfa zu einem Spaziergang ins nahe Moor mitgenommen. Es war ein schöner, sonniger Tag. Sie waren auf dem Hügel gewesen und dann rund um die Talsperre gegangen. Er hatte ein Pfeifchen geraucht, und nun waren sie auf dem Rückweg. Der Hund lief ihm, wie üblich, voraus.

Als der Mann ihn einholte, schüttelte der Hund heftig den Kopf. Da er annahm, er hätte eine Ratte gefangen, nahm er ihn am Kragen und sagte: »Leg ab, Junge.« Der Hund tat wie befohlen, doch zum Schrecken seines Herrchens war es keine Ratte, sondern der Yorkshire-Terrier seines Nachbarn, und der war tot.

[Diese Geschichte ist eine Variante des alten Klassikers »Der würgende Pitbull« in **Großstadt-Klassiker.** *]*

Im Nebel sind alle Elefanten grau

Der Vater eines Schulkameraden unseres Sohnes betrank sich immer in einer Kneipe im Norden von Manchester, die The Hare and Hounds hieß. Er war jeden Abend da und trank ein Bier nach dem anderen. Er kam, wenn geöffnet wurde, und ging, wenn der Laden zumachte. Obwohl seine Frau immer dagegen protestierte, fuhr er dann mit dem Wagen nach Hause.

Eines Tages kam ein Zirkus in die Stadt, der sein Zelt wie üblich an der Straße aufstellte, die am Hare and Hounds vorbeiführt. Es regnete, wie üblich, und war recht neblig, als unverhofft zwei Elefanten aus dem Zirkuszelt entwischten und kurz darauf im Nebel untertauchten. Der Vater des Kumpels unseres Sohnes stand in der Kneipe, schüttete sich zu und kriegte nichts von den Rundfunkmeldungen über die verschwundenen Elefanten mit.

Zur Sperrstunde war er gut abgefüllt. Er wankte zum Parkplatz, stieg in seinen Zephyr, legte eine James-Last-Cassette ein und machte sich auf den Heimweg. Der Nebel war die reinste Erbsensuppe; man konnte die Hand nicht vor den Augen sehen. Er fuhr langsam und im Zickzack – als im Licht seiner voll eingeschalteten Scheinwerfer plötzlich zwei große, graue, schaukelnde Gestalten auftauchten, die mitten auf der Straße liefen. Die Polizei fand den Wagen am nächsten Tag. Die Tür war offen, die Lampen waren an, und der Schlüssel steckte noch im Zündschloß. Seit diesem Tag ist der alte Knabe nie wieder gefahren, und er hat auch keinen Tropfen mehr angerührt.[1]

Zirkusse mit ihrem reisenden Sortiment an Artisten und exotischen Tieren taugen perfekt für Großstadt-Sagen und tauchen alle naselang wieder auf. Die obige Geschichte weicht somit von der weithin bekannten, kaum weniger glaubhaften Elefantenausbüx-Erzählung ab, in der sich ein schweres Vieh auf den Kühler oder Kofferraum eines Autos setzt und ihm eine dicke Beule verpaßt.

Die Sittich-Affäre

Ein Ehepaar, mit dem ich befreundet bin, war bei seiner alten Großmutter in ihrem rosenbewachsenen Landhäuschen unten in Dorset zu

1 Anglo-amerikanische Trunkenbolde sehen statt weißer Mäuse (meist rosafarbene) Elefanten.

Besuch. Oma war zur Versammlung des Frauenvereins gegangen, und das junge Paar sollte das Haus – und noch wichtiger: den Wellensittich – hüten.

Da Omas gehegter Gefährte piepsend herumhüpfte und äußerst frustriert auf seinen Plastikgefährten einhackte, wollten die beiden nett zu ihm sein und ihn rauslassen, damit er mal die Schwingen ausbreiten konnte. Nachdem sie emsig überprüft hatten, ob die Katze aus dem Raum war und sämtliche Türen und Fenster verrammelt waren, öffneten sie die Tür seines kleinen Käfigs.

Der Sittich fegte hinaus und jagte wie ein Irrer durch das Zimmer. Dabei regte ihn die neugewonnene Freiheit so auf, daß er tragischerweise eine Bruchlandung baute und sich ein Bein brach.

Das Pärchen war geschockt. Was würde Oma sagen? Also hoben sie das gefiederte Opfer vorsichtig auf und machten einen Versuch, Erste Hilfe zu leisten. Das arme kleine Vieh zuckte vor Schmerzen, also bastelte man ihm aus einem Streichholz eine Schiene und befestigte sie mit einem Baumwollfaden an dem gebrochenen Glied.

Als die Behelfsstütze angebracht war, schlug die Katastrophe zu: Als der Enkel das Ende des Wollfadens abschneiden wollte, schnitt er dem Sittich versehentlich das gesunde Bein ab.

Taranteln in der Yuccapflanze

Eine Arbeitskollegin hat mir erzählt, daß ihre Freundin ein schreckliches Erlebnis mit einer exotischen Wohnzimmerpalme hatte. Sie hatte in dem für seine Zuverlässigkeit und Unterwäsche bekannten Lieblingsgeschäft aller Muttis eingekauft und eine Yuccapflanze erstanden. Ein schönes Exemplar, das sofort den Ehrenplatz im Wohnzimmer bekam und um das man sich mit besonderer Sorgfalt kümmerte.

Als die Frau der Wohnzimmerpalme Wasser gab, vernahm sie ein unheimliches Klicken. Es kam von der Pflanze. Zuerst dachte sie sich nichts dabei, aber das Klicken ging ihr nicht aus dem Sinn. Jedesmal, wenn sie der Palme Wasser gab, schien das Geräusch lauter zu werden. Also rief sie das Geschäft an, um sich zu beschweren.

Die Frau, die den Anruf entgegennahm, zeigte sich sehr besorgt. Sie erwiderte, sie solle sich nicht von der Stelle rühren, die Pflanze nicht anfassen und nicht in ihre Nähe gehen – es käme sofort jemand bei ihr vorbei.

Ein paar Minuten später klopfte es. Vier von Kopf bis Fuß in Schutzkleidung gehüllte Männer, die wie Darsteller aus dem Film *Aliens* wirkten, kamen ins Wohnzimmer und breiteten eine große Gummidecke aus. Sie stellten die Yuccapflanze in der Mitte ab, hoben sie vorsichtig aus dem Topf... und enthüllten eine riesige Tarantel mit Hunderten von Jungen, die im schwarzen Pelz ihres Rückens hockten.

Auch dies ist eine prächtige, ständig wiederkehrende Sage aus der Klatschpresse. Tatsächlich hat im April 1992 (nicht am 1.) eine Londoner Nachrichtensendung diesen alten Heuler wieder ausgegraben: Ein Händler soll auf dem Markt von Spitalsfield von einer Spinne gebissen worden sein, die aus einer aus Kolumbien eingeführten Bananenstaude krabbelte. Und wie immer hat man auch diesmal keine Namen genannt, kein Interview geführt und keinerlei Beweismaterial vorgelegt.

Es ist eine wohlbekannte Tatsache, daß es im Norden Englands von Menschen in ausgebeulten Hosen mit Hosenträgern und Schlägerkappen wimmelt, die Blutwurst essen, Körbe voller preisgekrönter Brieftauben mit sich herumschleppen und nur halbe Liter kippen – aber das sind nur die Frauen... Nun ein paar Vogelgeschichten, um die Phantasie aller wahren Taubenfreunde zu kitzeln:

Der Pechvogel

Ein junger Bursche, den meine Mutter kennt, zog aus einem malerischen Dorf in Yorkshire in eine Bruchbude in der Nähe der Belle Vue Aces-Rennbahn in Ardwick, Manchester, wo ihm seine Freunde sehr fehlten.

Da der Vater die mißliche Lage seines Sohnes erkannte, kam er eines

Abends mit einem eigenartigen Korb aus der Kneipe zurück. Darin entdeckte der Junge zu seiner Freude eine tolle Brieftaube mit typisch roten Markierungen. Sie war eine echte Schönheit.

Papa, Tischler von Beruf, bastelte auf dem Dach flugs einen Taubenschlag zusammen – mit einer Spezialwand aus Drahtnetz, damit der Vogel hinausschauen und sich an die neue Umgebung gewöhnen konnte.

Ein paar Wochen später hatte der junge Taubenfreund ein paar einheimische Typen kennengelernt, und nachdem er die Schwingen des Täubchens mehrmals eingeseift und den Vogel ordentlich ermutigt hatte, war er zum ersten Flug bereit.

Der Junge nahm seinen unschätzbaren Besitz mit auf den Sportplatz der Red Recs, wo einige seiner neuen Kumpane Fußball spielten. Als sie den tollen Vogel sahen, waren sie sprachlos. Der Junge hob ihn stolz hoch und warf ihn sanft in die Luft. Der Vogel drehte eine Runde und beeindruckte die Zuschauer mit seiner Eleganz und Wendigkeit, doch da ertönte plötzlich ein lauter Knall, und er fiel zu Boden. Die Jungs, die zur Rettung der Taube herbeieilten, stellten mit Entsetzen fest, daß sie ein Loch im Brustkorb hatte. Die Rotznasen aus der Nachbarstraße hatten sie mit einem Luftgewehr abgeschossen.

Wieder zu Hause, gab sich der Junge alle Mühe, die Taube, die sein ganzer Stolz und seine Freude war, wieder aufzupäppeln und gesundzupflegen. Doch jedesmal, wenn er sie mit einen Körnchen fütterte, fiel es aus dem Einschußloch wieder heraus. Wenn ihm nicht schnell etwas einfiel, mußte der Vogel Hungers sterben.

Als er in der Küche herumwühlte, stieß er nicht nur auf den Erste-Hilfe-Kasten, sondern auch auf die Lösung.

Von da an konnte man die rote Schönheit des öfteren am Himmel über Ardwick fliegen sehen, wobei sie protzig einen Tesastreifen auf dem Kropf zur Schau stellte.

Die Taube macht ’ne Fliege

Der gleiche Junge wollte seiner roten Taube einen gefiederten Freund kaufen und setzte sich, fünf Schillinge in der Hand (das war in den fünfziger Jahren ein Haufen Geld) in den Bus, der zum Markt von Withy Grove fuhr. Die Taubenhändler waren direkt neben den Buchantiquaren. Bald hatte der Junge sein Herz an einen blaugrauen Vogel mit weißen Schwingenfedern verloren und legte den Fünfer auf den Tisch.

Jeder Taubenfreund weiß, daß man Seife auf die Flügel der Vögel schmiert, damit sie nicht stiften gehen, sich an einen neuen Schlag hoch über den Dächern gewöhnen und ihn als Heimat anerkennen. Der Vogel wurde mit den besten Körnern gefüttert, und als die Seife endlich von den Flügeln abblätterte, startete er zum Jungfernflug. Er zog einen Kreis, dann noch einen, und dann, als er Zuversicht gewonnen hatte, hielt er auf das Stadtzentrum zu – und ward nie wieder gesehen.

Beim nächsten Marktbesuch blickte der Junge sehr genau in die Kästen der Taubenhändler. Er hatte das sichere Gefühl, einen der Vögel schon mal gesehen zu haben. Doch wer würde einem Bürschlein seines Alters glauben?

Die verarschten Ameisen

Vor einiger Zeit sah sich eine mexikanische Stadt in der Nähe von Guadalajara der gräßlichen Bedrohung durch eine riesige Horde von Ameisen ausgesetzt, die genau auf sie zuwanderte. Noch war sie kilometerweit entfernt. Es waren keine gewöhnlichen Ameisen, o nein; es waren gefräßige Soldatenameisen, die alles vernichteten, was ihnen im Weg war – und von einer Größe, wie sie nur in Lateinamerika vorkommt.

Nachdem man die städtischen Behörden vor der Gefahr gewarnt hatte, ordnete diese alle möglichen Maßnahmen an, um die unbarmherzige Marschsäule der überdimensionalen Viecher zu stoppen. Man versuchte es mit allen erdenklichen Mitteln: Man nahm sie unter MG-Beschuß; man bombardierte sie; man hob Wassergräben vor ihnen aus, übergoß sie mit kochendem Öl und stellte Fußangeln auf.

Doch nichts konnte die Marschsäule der freßgierigen Ameisen von ihrem Kurs abbringen. Die Katastrophe schien unvermeidlich.

Dann hatte ein Bürger einen Einfall, und die Stadt griff nach dem letzten Strohhalm: Man organisierte nördlich der Stadt ein riesiges Picknick.

Es funktionierte! Die habgierigen Insekten wichen von ihrem Kurs ab und warfen sich auf den ausgelegten Köder. Die Stadt wurde wie durch ein Wunder gerettet.

Wenn das Onkel Donald wüßte

Von meinem Opa weiß ich, daß er, als er noch ein Junge war, mit seinen Freunden den gefiederten Bewohnern eines großen Teiches in der Nähe ihres Wohnortes Droylsdon, Manchester, böse Streiche spielte.

Wenn die Jungs an den Teich gingen, nahmen sie einen langen Bindfaden und ein Stück fetten Speck mit, den sie daran festbanden. Die ahnungslosen hungrigen Enten kamen zu ihnen herübergepaddelt und glaubten, es gäbe was zu futtern. Die Jungs warfen der ersten Ente das Speckstück zu, das sie auf der Stelle verschlang.

Nun ist es eine wenig bekannte Tatsache, daß Speck bei einer Ente ebenso schnell wieder hinten rauskommt wie ein Bindfaden aus einer Gans (logisch!) oder gar eine Prise Salz, die noch schneller ist. Jedenfalls flutschte das Stück Speck ruckzuck hinten aus der Ente raus und trieb auf dem Wasser. Die nächste Ente verschluckte es. Und so ging es immer weiter, bis alle Enten durch den Bindfaden miteinander verbunden waren.

Die Jungs zogen sie eine Weile auf dem Teich hin und her, dann nahmen sie eine Ente und banden ihr den gleichen Bären auf, den ich euch gerade aufgebunden habe.

Wir sind uns über die biologische Exaktheit hinsichtlich der Geschwindigkeit des Enten-Verdauungssystems ebenso unsicher wie hinsichtlich der Frage, ob Enten wild darauf sind, etwas zu fressen, was eine andere Ente vor ihr gefressen hat. Wir können nur eins sagen: Bitte, probiert es nicht zu Hause aus!

Der ungezogene Hund

Vor den letzten Wahlen reiste ein Politiker durch seinen großen Wahlbezirk und kam dabei an eine Häuserzeile, die an einem Hügel lag. Vor dem Haus saß ein geifernder Pitbull. Zwar konnte der Politiker Hunde nicht ausstehen, doch als er die Klingel betätigte, wurde er von den Hausbewohnern freundlich empfangen.

Die Leute erzählten ihm, daß sie ihn ohnehin wählten, aber sie freuten sich, ihn kennenzulernen, und luden ihn zu einer Tasse Tee ein. Da er nach den vielen Besuchen, die er an diesem Morgen absolviert hatte, ziemlich abgeschlafft war, nahm er die Einladung an und eilte an dem knurrenden Pitbull vorbei.

Der Hund folgte ihm auf dem Fuße ins Wohnzimmer, legte sich hin, fletschte die Zähne und starrte ihn vom Boden aus an.

Der Politiker trank seinen Tee, so gut er es angesichts des Hundes konnte. Er plauschte gerade mit seinen Wählern über lokale Probleme, als der Hund aufstand, das Bein hob und auf den Teppich pinkelte. Seine Gastgeber schauten den Hund kurz an, dann redeten sie weiter.

Der Politiker war zwar leicht düpiert, aber da die anderen nichts sagten, fragte er sich natürlich, welche Art von Wählern er anzog. Na ja, dachte er, jedem das seine.

Nach dem ausgiebigen Plausch leerte er seine Tasse, dankte der Familie und begab sich zur Tür. Er hatte gerade ein paar Schritte ins Freie getan, als er hinter sich jemanden rufen hörte: »Verzeihung, aber . . . wollen Sie Ihren Hund nicht mitnehmen?«

Das Schickimicki-Känguruh

Das Team einer britischen Illustrierten fuhr zu Modeaufnahmen in die australische Wildnis. Sie fuhren gerade in einem Shogun 4 x 4 über eine leere, unbefestigte Straße, als vor ihnen urplötzlich ein Känguruh aus dem Nichts hüpfte und mit ihnen zusammenkrachte.

Alle sprangen aus dem Wagen, um nachzusehen, ob es verletzt war, aber der Aufprall hatte es offenbar getötet. Der nicht sonderlich geschmackssichere Art Director der Truppe meinte, es wäre doch ein irrer Gag, das arme Vieh irgendwie für die Aufnahmen zu verwenden, und hievte den Kadaver in die Karre.

An ihrem Bestimmungsort angekommen, zog er dem Känguruh ein paar teure Designer-Klamotten an, die eigentlich die Models tragen sollten, dann hob er es hoch, um ein paar Fotos zu machen.

Doch plötzlich kam das Känguruh wieder zu sich, stand auf und floh in den Busch – wobei es noch immer die bezaubernden Kreationen von Jean-Paul Gaultier, Yoji Yamomoto und Lacoste trug.

Das Trüffelschwein

Eine Frau fuhr mit ihrem Freund nach Deutschland in Urlaub. Der Campingplatz, auf dem sie sich niederließen, lag jedoch direkt neben einem lauten Bauernhof, auf dem es von aggressiv grunzenden Schweinen wimmelte, die zudem noch stanken wie die Sau.

Doch was noch schlimmer war: Es gab keine ordentlichen Toiletten. Wenn man groß machen wollte, konnte man nur in den Wald gehen, in dem die fetten, ewig hungrigen Schweine grunzend herumwühlten.

In der zweiten Nacht ihres Aufenthalts verspürte der Mann eine menschliche Regung und gab ihr nach. Er stieg vorsichtig durch den Stacheldrahtzaun, ließ die Hosen runter und hockte sich unbequem in den Sauwald, wobei er stets ein wachsames Auge auf die in der Dunkelheit herumstromernden Schweine hielt.

Minuten später, als er sein Geschäft machte, wurde er von einer gierigen Sau gewaltsam von den Beinen gefegt, die sich heißhungrig über die frische Nahrung hermachte.

Klar, im Ausland herrschen andere Sitten (siehe »Privatvorstellung« in **Reisekotzen***). Die britische Hygieneausbildung und ihr geistiges Erbe haben eine merkwürdige Sammlung selbstgefälliger Sagen hervorgebracht, in denen es um den Versuch geht, in fremdländischen Gefilden Stuhlgang zu betreiben. Eine dieser Sagen spielt in Thailand, wo man auf Pfahlbauten angeblich durch Bodenluken kacken muß. Manchmal werden die unter dem Kotenden im Schlamm watenden Schweine, kaum daß er in Stellung gegangen ist, so ungeduldig, daß sie von unten den Kopf durch die Luke schieben und sich die Exkremente schnappen.*

Der tote Sittich

Die Oma meines Freundes hatte zwei Klempner bestellt, um in ihrem Haus in Aberdeen einen schadhaften alten Gasofen zu reparieren. Die Kerle kamen wie abgemacht und nahmen sich den Ofen vor. Während sie an der Arbeit waren, kam Oma auf die Idee, einen Einkaufsbummel zu machen, und das tat sie dann auch.

Die beiden Installateure waren echte Nichtsnutze. Sie ließen laufend Schraubenschlüssel fallen, zertepperten so die Fliesen rund um die Feuerstelle und verrußten die ganze Bude. Als sie sich mit der Gasleitung beschäftigten, leckte sie wie ein Sieb. Doch schließlich kriegten sie alles wieder hin, und als sie fertig waren, blieben nur ein paar Muttern und Dichtungen übrig.

Als sie aufstanden, um eine Zigarette zu paffen, fiel einem der beiden auf, daß der Wellensittich von der Stange gefallen war. Er streckte die Beine in die Luft und lag auf dem Boden seines Käfigs. Abgeschmiert. Als ihnen klar wurde, daß es furchtbaren Ärger geben würde, wenn die alte Dame nach Hause kam und sah, daß sie ihr Haustier vergast hatten, nahmen die beiden Heinis etwas Kupferdraht und banden den toten Vogel aufrecht an die Stange. Dann räumten sie alles auf. Sie wollten gerade abhauen, als sie die alte Dame an der Tür hörten.

Sie kam ins Wohnzimmer, warf einen Blick auf den Sittichkäfig und fiel in Ohnmacht.

Nachdem die Klempner sie wiederbelebt hatten, erklärte sie, es hätte ihr einen ungeheuren Schreck versetzt, das Vögelchen wieder auf der Stange sitzen zu sehen – weil es doch an diesem Morgen gestorben war.

[Siehe »Der Teppichkriecher« in **Katastrophen im Beruf.***]*

NICHT TOTZUKRIEGENDE WEISHEITEN
Tiere

- Es gibt nur einen sicheren Tip beim Pferderennen: Der Gaul, dem man eine heiße Kartoffel in den Arsch gesteckt hat, gewinnt immer.
- Wie man einen Haifischbiß verhindert? Wenn der Hai vor dem Zubeißen die Augen schließt, schlägt man einen Haken und verabschiedet sich mit einem Schlag auf seine Nase.
- In einem sibirischen See lebt eine Riesenschlange, die einen Schafskopf hat.
- Piranhas können ein Pferd in drei Sekunden bis auf die Knochen abnagen.
- Die neueste Version der Londoner Nager, die Superratte, ist gegen jedes Gift immun, das die Menschheit kennt.
- Wenn man den Unterkiefer eines Hundes festhält, kann er einen nicht beißen.
- Lamas können einem auf dreißig Schritte Entfernung ins Auge spucken.
- Papageien lernen Flüche viel leichter als alles andere.
- Kätzchen können einen kompletten Waschmaschinengang überleben; anschließend ist ihnen nur etwas schwindlig.
- Fledermäuse verwickeln sich ständig in Menschenhaar.

KATASTROPHEN IM BERUF

Haarsträubende Abenteuer an der Werkbank

Der Arbeitsplatz gehört zu den fruchtbarsten Orten der Sagenproduktion, und wie dieser kleine Abschnitt beweist, passieren die meisten Unfälle keineswegs im Haushalt. Vielleicht ist es die Heftigkeit der bürointernen Politik, die von neun bis fünf Uhr herrschende Langeweile oder schlicht das flüssige Mittagsmahl, das den menschlichen Geist dazu bringt, im Bereich der rachsüchtigen Phantasien herumzuschweifen. Wenn eine Arbeit erledigt werden muß, stehen Gesundheit und Sicherheit an zweiter Stelle – speziell dann, wenn es eine »Arbeit außer der Reihe« ist. Wie heißt es doch so schön: Immer mit der Ruhe ...

Die Jagdmütze

Einer meiner Freunde kannte einen Büromenschen, ein ziemlich hohes Tier, einen aufgeblasenen alten Wichtigtuer. Deswegen war dieser bei seinen Kollegen nicht sehr beliebt. Als er eines Tages über den Markt schlenderte, stieß er auf eine Jagdmütze à la Sherlock Holmes. Er kaufte sie und trug sie zur Erheiterung der anderen auf dem Weg von und zur Arbeit.

Es war allerdings sein Pech, daß zwei seiner Kollegen ein paar Tage später auf den gleichen Marktstand stießen und beschlossen, zwei Mützen gleicher Art zu kaufen – die eine in der größten vorhandenen Größe, die andere in der kleinsten.

Am nächsten Tag hängte der Typ seine Mütze wie gewohnt im Umkleideraum auf. Die beiden Kollegen nahmen sie von der Stange und ersetzten sie durch die erstandene große. Als Feierabend war, schnappte sich der alte Wichtigtuer die Mütze und setzte sie auf. Er war zwar echt überrascht, als er bemerkte, daß sie ihm viel zu groß war, aber er dachte nicht lange darüber nach und marschierte nach Hause, auch wenn das Ding auf seinen Ohren hing.

Am nächsten Tag ersetzten die beiden die große Mütze durch die kleine, die nun unsicher auf seinem Schädel thronte. Und so ging es weiter, tage- und wochenlang. Manchmal hängten sie auch die Mütze hin, die dem Typen gehörte – bis der besorgte alte Wichtigtuer sich einen Termin bei seinem Hausarzt geben ließ, weil er davon überzeugt war, daß sich sein Kopf wie ein Luftballon aufblies und dann wieder schrumpfte.

Der Volltreffer

Ein Freund von mir, der im Londoner West End – in der Gegend von Soho – arbeitet, meint, daß in der Gegend dort viel zu viele Straßenarbeiten vorgenommen werden. Ständig reißen irgendwelche Stümperbanden und Sub-Unternehmer die Straßen auf – wobei sie oft den Eindruck erwecken, daß sie keine Ahnung haben, was sie da machen oder auf was sie eventuell stoßen könnten. Sie bauen am laufenden Band Zelte auf, schaufeln Erde auf die Straße und bohren herum. Der Krach, den sie dabei machen, ist nicht auszuhalten.

Eines Tages schickte der Typ gerade ein Fax ab, als es draußen auf der Straße gewaltig krachte. Ein blendender Blitz zuckte auf, und im ganzen Büro fiel der Strom aus. Als er hinausschaute, sah er einen Arbeiter, der aus dem Loch krabbelte, das er gerade ausgehoben hatte. Er klammerte sich noch an seinen Preßlufthammer. Das unheimliche Ding war kohlrabenschwarz und stieß dicke Rauchwolken aus. Der Mann hatte ein Stromkabel angebohrt.

Der Arbeiter blieb wie am Boden festgenagelt stehen, bis ein Krankenwagen kam und ihn abholte.

Der Aufzugkacker

Mitte der siebziger Jahre kam es im größten und geschäftigsten Büroviertel von Los Angeles – wo die neunzig Stockwerke hohen Spiegelglas-Wolkenkratzer stehen – zu einer Reihe eigenartiger Straftaten.

Unter anderem ging es dabei auch um einen mysteriösen Täter, der in Aufzüge kackte, sobald sie leer waren, so daß die, die nach ihm eintraten, auf einen dicken Haufen stießen. Dies passierte zwei- bis dreimal pro Woche.

Das Rätsel wurde noch unheimlicher, als nach Hunderten von Beschwerden das Sicherheitspersonal der einzelnen Firmen auf das Problem angesetzt wurde.

Obwohl man die Aufzüge ständig unter Beobachtung hielt, gelang es dem Phantomkacker regelmäßig, von neuem seine schmutzige Untat zu begehen – manchmal sogar dann, wenn der Aufzug nur eine knappe Minute leer war.

Als man den Aufzugkacker nach drei Monaten noch nicht entlarvt hatte, hörte er ebenso plötzlich auf, wie er angefangen hatte. Das Sicherheitspersonal ist der Sache nie auf den Grund gekommen.

Papiermaché mit Einlage

Ein Freund von mir, der in einer großen Papierfabrik in Lancashire beim Werkschutz arbeitete, kannte einen Kollegen, der ein rechter Faulenzer war. Die Fabrik nahm Papierabfall – z. B. Zeitungspapier und Kartonagen – jeder Art an und verarbeitete ihn in riesigen Fässern, an deren Boden sich rotierende Klingen befanden, zu Papierbrei.

Hin und wieder bekam man auch eine Ladung sogenannter Herrenmagazine zum Einstampfen, doch bevor die fetzenden Klingen sie verarbeiten konnten, verschwanden sie regelmäßig. Eines Tages kam wieder so eine Pornoladung an.

Die Fässer waren zwar ungefähr achtzehn Meter tief, aber wenn sie voll waren, konnte man in den Papierbrei hineingreifen. Der Typ, um den es geht, war jedenfalls ein geiler Hecht. Als er sah, wie die Zeitschriften zermatscht wurden, erfaßten ihn heimliche Triebe, und er machte den Versuch, ein ganz oben liegendes Heft aus dem Faß herauszufischen.

Da er eine ziemlich feiste Wampe hatte, kam er nicht nah genug heran. Also schaute er sich um, ob auch niemand in der Nähe war, schob das Sicherheitsnetz beiseite und griff nach einem Stuhl, damit er sich weiter vorbeugen konnte. Offenbar muß er in seiner frustrierten Ekstase das Gleichgewicht verloren haben und in das Faß gekippt sein, da der Werkschutz eine Stunde später nur noch den Stuhl und das offene Netz vorfand.

Da es keine Chance gab, daß er überlebt haben konnte, beschloß die Geschäftsleitung, die Maschine nicht abzuschalten, und die Herstellungsabteilung produzierte munter weiter Cornflakes-Schachteln.

Auch dies ist eine weitverbreitete Sage. Uns sind zwei hübsche Varianten zu Ohren gekommen, die eigenartigerweise beide im Norden Englands spielen. In der ersten ist der Ort des Geschehens eine Brauerei: In der Geschichte fällt ein Typ in ein Sudfaß. Der Firmenchef meint, er werde den Geschmack des Biers nicht beeinflussen, und so arbeitet man weiter. (Die Story kann sich nur eine Schnapsnase ausgedacht haben.) In der zweiten Geschichte, die uns besser gefällt, arbeitet ein Typ an der Küste von Fylde in einer Abdeckerei und endet in der Schmalzverarbeitung. Auch hier zieht der Geschäftsführer den Schluß, daß niemand etwas davon merken wird, und gestattet die Weiterarbeit. Die Auswirkungen auf den Firmenumsatz sind nicht überliefert.

Das Grüne nach oben

Vor ein paar Jahren wollte sich das junge Ehepaar, dem meine Stammkneipe gehörte, ein Eigenheim kaufen. Die Siedlung war noch im Bau, deswegen nahm der Vorarbeiter die beiden mit und zeigte ihnen das Musterhaus.

Als er sie ins Wohnzimmer führte, schaute er, ohne den beiden etwas zu erklären, aus dem Fenster und rief: »Das Grüne nach oben!« Das gleiche passierte, als sie sich im ersten Stock befanden. Er schaute aus dem Fenster und rief: »Das Grüne nach oben!«

Als es zum drittenmal passierte, konnten die beiden sich vor Lachen nicht mehr halten – auch wenn sie noch immer nicht wußten, was der Mann eigentlich meinte. Schließlich fragten sie, warum er immer »Das Grüne nach oben!« rief, und er erklärte es ihnen.

»Es ist eine hoffnungslos dämliche Bande«, stöhnte der Mann und deutete auf seine Arbeiter. »Nicht mal Rasenstücke können sie allein verlegen.«

»Du böser, böser Junge, du!«

Mein Kumpel Billy ist Feuerwehrmann. Er kennt zahllose Gruselgeschichten über den Tod in den Londoner U-Bahn-Schächten, weil er und seine Kollegen sämtliche Selbstmörder, die sich vor den Zug werfen, von den Schienen kratzen müssen. Da ist es natürlich verständlich, daß die Burschen eine Art Galgenhumor entwickelt haben.

Einmal reinigten sie nach einem Selbstmord die Gleise der Northern Line. Sie hatten alle möglichen Gliedmaßen, die über einen Kilometer verstreut gewesen waren, in Plastiktüten gestopft, doch als man die Leiche in der Ambulanz zusammensetzte, stellte sich heraus, daß noch ein Arm fehlte. Also blieb den Feuerwehrmännern nichts anderes übrig, als noch mal in den U-Bahn-Schacht zurückzukehren, und das stank ihnen natürlich.

Sie gingen also wieder runter. Eine halbe Stunde später kehrte ein Feuerwehrmann mit dem Arm zurück. Der Arm ragte vorn senkrecht aus seiner Jacke hervor. Er versetzte sich mit der Hand Ohrfeigen und sagte wie ein Kasper: »Du böser, böser Junge, du! Du böser, böser Junge, du!«

Die Londoner U-Bahnhöfe, in denen die Leute am liebsten den Löffel abgeben, sind offenbar die begrünten der Jubilee- und Central-Line. Dies nur, falls Sie sich danach fragen . . .

Die Feuertaufe

Der gleiche Feuerwehrmann erlebte – fast im wahrsten Sinne des Wortes – seine Feuertaufe, als er im Alter von einundzwanzig Jahren bei der Truppe anfing. Als er sich am ersten Tag im aktiven Dienst auf der Feuerwache meldete, lief dort brüllend laute Musik, und der Laden war voller halbbekleideter Frauen, denen ein Rudel betrunkener Feuerwehrmänner lechzend hinterherjagte.

Von dem Anblick entsetzt, lehnte der Frischling alle angebotenen Getränke ab und suchte einen stillen Raum auf, um für den Notfall einen klaren Kopf zu behalten.

Als mehrere Stunden der Schicht herum waren (die Party tobte noch immer), gab es Alarm. Die Truppe wurde zu einer brennenden Fabrik gerufen, die mehrere Kilometer weit entfernt war.

Aber man hatte ein großes Problem: Einer der regulären Fahrer war zu blau, um fahren zu können, und der andere war sturzbetrunken eingeschlafen. Die Jungs wandten sich an den Frischling, der als einziger nüchtern war. Zwar hatte er einen Führerschein, doch er hielt sich nicht für qualifiziert, einen großen Löschzug zu steuern.

Doch da seine Kollegen nicht lockerließen und die Pflicht rief, gab er dem Druck nach und lenkte den Wagen vorsichtig zur Brandstelle. Man erreichte sie eine Dreiviertelstunde zu spät; andere Mannschaften waren schon an Ort und Stelle, und das Fernsehen filmte ihre Arbeit.

Die bunte, betrunkene Truppe stürzte sich auf die Flammen, aber zwei Minuten später wandten sich die Kameras von ihnen ab, als der abgefüllte Rest der Mannschaft seinen dramatischen Einstand gab: Drei Männer krauchten in voller Montur aus einem verbeulten alten Escort, zwei weitere hockten steif auf einem schwankenden Moped. Statt Sturzhelmen trugen sie Feuerwehrhelme, und alle wurden von der dankbaren Fernsehgesellschaft für die Nachwelt verewigt.

Die Unglücksleiter

Ein Freund von mir hatte früher einen Samstagsjob – er hielt ein großes Lagerhaus in Cheetham Hill in Schuß. Das Lagerhaus war eine riesige, monströse Bruchbude, in der ständig etwas vom Dach fiel oder abbrach. Die Instandhaltung des Ladens war mit dem Anstreichen der Forth Bridge vergleichbar – wenn man hinten fertig ist, kann man vorn wieder anfangen.

An einem kalten Herbsttag stand der Typ auf einer ziemlich hohen Leiter und strich die Deckenbalken an. Die Leiter reichte bis zum Dach hinauf. Der Typ kümmerte sich gerade um eine verrostete Querstrebe, als das Ding, auf dem er stand, zusammenbrach und er fünfzehn Meter tief auf den Betonboden fiel.

Er landete eigenartigerweise auf den Beinen – doch die Wucht des Aufpralls schob sie in seinen Körper hoch und durch seine Schultern. Er torkelte eine Weile still in kleinen Kreisen herum und fiel dann mausetot um.

Der Teppichkriecher

Freunde unserer Familie hatten sich im Winterschlußverkauf einen neuen Teppichboden gekauft, und zu dem Angebot gehörte auch das kostenlose Auslegen.

Eine Woche später meldeten sich zwei ungepflegte Typen mit einem schmierigen Lieferwagen bei ihnen, die sich als Teppichverleger ausgaben und die Arbeit in Angriff nahmen. Erstaunlicherweise verstanden die beiden Kerle wirklich etwas von ihrem Handwerk, und als sie fertig waren, traten sie beiseite, um sich eine zu qualmen und das Ergebnis ihrer Tätigkeit zu bewundern. Einer der beiden bemerkte genau in der Mitte des Teppichbodens einen kleinen Höcker. Er zeigte ihn seinem Partner, der flink nach einem Hammer griff und die Beule mit ein paar wohlgezielten Schlägen plattmachte. Kurz darauf kam die Dame des Hauses herein, um sich zu bedanken – aber sie wirkte irgendwie nervös. »Das haben Sie ja wirklich wunderbar gemacht... Ach, Sie haben wohl nicht zufällig irgendwo unseren Hamster herumlaufen sehen?«

In der bekanntesten Variante dieser Geschichte geht es um die beiden allgegenwärtigen Schwarzarbeiter und einen Wellensittich unter der Tapete – eine Idee, die Michael Bentine kürzlich in einem Rundfunk-Werbespot verwendet hat. Eine weitere Großstadt-Sage aus der Welt der Werbung ist ein Spot für die Biermarke Skol, in dem ein Junge in einer Hochhauswohnung einen Ball wirft, den sein Hund fangen soll. Der Ball macht einen unglücklichen Abpraller und fliegt aus dem Fenster – und der Hund hinter ihm her.

Die Handtasche

Ein Kumpel von mir ist Busfahrer in Newcastle. Er und seine Kollegen finden alle möglichen Sachen, die die Leute im Bus vergessen.

Als er einmal ins Busdepot kam, fand er auf einem Sitz eine braune Papiertüte. Er öffnete sie und fand eine menschliche Hand darin. Es hat sich niemand gemeldet, dem sie fehlt.

Mal was anderes als Regenschirme.

Frauen und Kinder zuerst

Einer meiner Kumpels, der bei der Londoner U-Bahn arbeitet, behauptet, von einem besonders bizarren Ereignis zu wissen, zu dem es auf der Northern Line kam.

Die U-Bahn ratterte emsig vor sich hin, doch plötzlich hatten die Passagiere im ersten Waggon das Gefühl, jemand habe die Notbremse aktiviert. Dann wurden sie Zeuge eines seltenen Anblicks: Die Tür des Triebwagens flog auf, und der Lokführer rannte mit angstverzerrtem Gesicht wie von Höllenhunden gehetzt durch die Waggons und Verbindungstüren.

Die steuerlose U-Bahn hielt kreischend an – wie sich herausstellte, nur wenige Zentimeter vor einer anderen, die im Schacht steckengeblieben war.

Es gibt eine ganze Reihe eigenartiger Geschichten über die Londoner U-Bahn. Offenbar wird sie von Computerprogrammen gesteuert, die man in Neu-Delhi entworfen hat – was aber nicht so schlimm ist, wie man annehmen könnte, denn die U-Bahn von Neu-Delhi ist (wie die Inder behaupten) die leistungsfähigste der Welt. Eine andere wenig bekannte »Tatsache« bezieht sich auf die Durchsage »Vorsicht an der Bahnsteigkante«, die man jedesmal an der Bank Station hören kann, bevor eine U-Bahn einfährt: Die Stimme gehört dem Vertreter der Lautsprecherfirma, der die Aufzeichnung in den siebziger Jahren machen ließ, um die Anlage zu verkaufen. Die Londoner U-Bahn benutzt sie seither nicht nur, sie hat dem Vernehmen nach auch noch keinen Pfennig Tantiemen abgedrückt.

Beim Ausloten neuer Tiefen

Ein Elektriker legte letzte Hand an ein nagelneues Doppelhaus in einer renommierten neuen Siedlung. Anfangs legte er die Leitungen im ersten Stock, dann arbeitete er sich langsam nach unten vor, wo noch andere Handwerker tätig waren.

Den ganzen Morgen über hatte sein blubbernder Magen ihn an das selbstmörderisch scharfe Currygericht erinnert, das er am vergangenen Abend gegessen hatte, also ging er in der Mittagspause runter und suchte die Toilette, um eine gewaltige Ladung in den Bottich zu wirbeln.

Die anderen Arbeiter hatten das Haus zum Essen verlassen, also setzte sich der Strippenzieher auf den Topf, zog den *Daily Mirror* aus der Hosentasche und bereitete sich auf eine längere Sitzung vor.

Zwanzig Minuten später beendete er seine Fahrt auf der Porzellan-Honda. Hose und Unterhose hingen auf seinen Knöcheln, und er nahm den Papierkram in Angriff.

Dann stand er auf, um an der Kette zu ziehen. Aber es war keine da. Er sah auch keinen Wasserbehälter und kein Abflußrohr. Tatsächlich war die Toilette noch gar nicht angeschlossen . . .

Die Mutprobe

Als auf den Docks der Tiger Bay in Cardiff noch gearbeitet wurde, bevor sie zur Yuppie-Spielwiese verkamen, gab es da mehrere große, tiefe, rechteckige Wasserbecken. Sie waren voll mit dicken, langen Baumstämmen, die man dort lagerte, bis sie zersägt oder nach Übersee verschifft wurden.

Die Becken waren nicht besonders abgesichert, und oft schlichen sich die Kinder – obwohl man sie vor den tödlichen Gefahren, die dort lauerten, gewarnt hatte – abends oder am Wochenende dort zum Spielen runter. Die größte Mutprobe bestand darin, den Versuch zu machen, von einer Beckenseite zur anderen zu laufen – hinweg über fünfzehn Meter tückische schwimmende Baumstämme.

Den Kindern aus der Gegend fehlte der Mut, dies zu tun, aber an einem Wintertag verkündete ein mutiger Halbstarker den anderen, daß er das Wagnis heute abend eingehen wollte. Als der letzte Arbeiter den Hafen verlassen hatte, versammelte sich eine Meute von Halbwüchsigen rund um das Becken, um sich das Spektakel anzusehen.

Der Halbstarke kam und wirkte entschlossen. Als seine Kumpane ihn anfeuerten, zog er seine Jacke aus und bereitete sich auf den Lauf vor.

Er legte ein flottes Tempo vor und kam auf den schlüpfrigen Stämmen gut voran – bis er genau in der Mitte war. Er übersprang eine kleine Kluft, die sich plötzlich vor ihm auftat, fand aber beim Aufsetzen keinen festen Halt.

Die Kinder schnappten nach Luft, als sie sahen, daß er in das eisige Wasser zwischen den schweren Stämmen fiel. Die Baumstämme im Becken schlossen sich sofort über ihm. Da sie zu sehr um ihre eigene Sicherheit fürchteten, um loszulaufen und ihn zu retten, schauten sie von Grauen geschüttelt zu, wie der mutige Bursche verzweifelt versuchte, sich auf einen Baumstamm hinaufzuziehen.

Doch als seine Hand aus dem Wasser ragte, drehte sich der Stamm, und er wurde erneut ins eisige Wasser geworfen. Dies geschah immer wieder.

Die Kinder beteten, daß er es schaffen würde, bis seine erschöpfte kleine Hand nicht mehr nach oben griff – und sich Totenstille über dem Becken mit den Stämmen ausbreitete.

Der Steuereinnehmer

Manche Menschen kommen als Genies zur Welt, andere wollen nur stinkreich werden. Der Typ in dieser Geschichte hat beides miteinander verbunden.

Ein junger Briefträger in Shipley, Bradford, der glaubte, sein Job könne seine Erwartungen nicht erfüllen, brütete beim Drehen seiner Runden einen Schlachtplan aus, der ihm Knete einbringen und ein Leben in Luxus und Nichtstun ermöglichen sollte.

Sein Plan war ganz einfach: In seinem Bezirk befand sich ein großes Finanzamt, dem die Leute aus dem ganzen Land so wenig Geld schickten, wie sie sich erlauben konnten, ohne zur Rechenschaft gezogen zu werden. Der raffinierte Briefträger, der in einem stillen Dorf wohnte, suchte sich eine besonders beschränkte Sparkasse aus und eröffnete ein neues Konto.

Obwohl seine Freunde von seinem neu erworbenen Reichtum beeindruckt waren, kamen sie nie dahinter, woher er die Knete hatte, und er weihte sie natürlich nicht ein. Die paar Kröten, die er von der Königlichen Post bekam, erlaubten ihm kein großkotziges Leben, und Nebenbeschäftigungen, bei denen er ein paar Extramäuse verdienen konnte, hatte er nicht. Doch wenige Wochen später wurden ihre Fragen beantwortet – als man einen Haftbefehl gegen ihn ausstellte.

Allem Anschein nach hatte der Briefträger während seiner Runde die an das Finanzamt adressierte Post abgefangen und die darin enthaltenen Schecks auf sein Konto eingezahlt, das unter dem Namen »F. Amt« registriert war.

Zu den Varianten dieses populären Themas gehört, daß der Briefträger die Einzahlungen unter dem Namen »F. Inanzamt« vornimmt oder nur erwischt wird, weil er mit seinem neuen knallroten Porsche beim Postamt vorfährt. Ein anderes berüchtigtes Beispiel bezieht sich auf einen zeitweiligen Angestellten der Independent Producers Association (IPA), der sein Schäfchen schon fast im trockenen hatte, als die mit Tausenden von ausgeplünderten Briefumschlägen gefüllte Firmentoilette verstopfte. Der gerissene Täter entkam mit dem Guthaben eines Kontos, das auf den Namen »Mr. Ipa« lief.

NICHT TOTZUKRIEGENDE WEISHEITEN
Berufe

- Die königliche Familie schuftet wirklich schwer. »Die Queen? Ich würde Ihren Job weder für Geld noch für gute Worte übernehmen.«
- Londoner Taxifahrer fürchten sich, über Brücken zu fahren.
- Katholische Priester haben keine Kinder.
- Alle Politiker sind korrupt.
- Alle Metzgermeister sind fett.
- Alle Stewardessen sind Mitglied im »Mile High Club«.
- Menschen, die in Schokoladenfabriken arbeiten, rühren das Zeug nie an.
- Menschen, die in Keksfabriken arbeiten, spucken aus Gewohnheit in den Teig.
- Wenn's Kaffee und Kuchen gibt, sagen Pfarrer nie nein.
- Fußballerfrisuren stammen alle vom gleichen Friseur.
- Alle Friseure haben eine Glatze.
- Alle Zahnärzte haben Mundgeruch.
- Alle Parkwächter sind mürrisch.

LANDSER-LEGENDEN

Harte Burschen, weiche Birnen

Wer den Taler des Königs nimmt, verpflichtet sich einer Welt aus Khaki-Katastrophen und merkwürdigen Ansichten, die von der strengen Disziplin und dem soliden Professionalismus der Armee bzw. dem Lauf der Zeit unberührt bleiben. Zum soldatischen Leben gehört die uniforme Überzeugung, daß einen die Verpflegung umbringt, falls es dem Feind nicht gelingt. Hier ist sowohl die Rede von Murphys Gesetz (»Was schiefgehen kann, wird schiefgehen«) als auch von militärischen Überlieferungen: »Klar, 'ne Menge sind abgekratzt – aber war's nicht 'ne tolle Zeit?« Hier geht's um alles, was passiert, wenn zu viele Männer zuviel Zeit in Gesellschaft des eigenen Geschlechts verbringen.

Kopfball

Es wird oft erzählt, daß im Ersten Weltkrieg die eine oder andere Konfliktpartei (oder beide) in Kampfpausen Fußball spielte und daß man die Waffen weglegte, sobald der erste Stahlhelm zu Boden fiel. Der Opa meines Freundes hat mir eine solche Episode erzählt, in die der Zug seines Vaters in Frankreich verwickelt war.

An einem sonnigen Tag, es war seit fast einer Woche nicht mehr geschossen worden, organisierten gelangweilte Tommies am Rand des Niemandslandes ein riesiges Fußballspiel. Dabei wurde, für den Fall eines Angriffs, in voller Uniform gespielt.

Das Spiel dauerte bis zum Nachmittag, dann katapultierte ein eigensinniger Schuß den Ball weit über die Bombentrichter des verwüsteten Schlachtfeldes hinaus. Zufälligerweise begannen die Deutschen zur gleichen Zeit mit schwerem Beschuß, so daß die Jungs sich in den Schützengraben duckten. Trotz der leichten Ablenkung durch fliegende Kugeln, Handgranaten und so weiter suchten einige von ihnen das Niemandsland nach dem verschwundenen Ball ab – denn es war ihr einziger. Schließlich hatte Uropa ihn erspäht, und sein Zug beschloß, ihn im Schutz der Dunkelheit zurückzuerobern. Einer behielt den Ball stets im Auge, damit man ihn nicht aus demselben verlor.

Als die Kanonen schwiegen und Finsternis einsetzte, zog Uropa, wie er es ausdrückte, den kürzesten Strohhalm. Er mußte ausrücken, unter dem Beschuß der Scharfschützen herwetzen und den Fußball ergreifen. Also bekreuzigte er sich, hechtete aus dem Loch und lief im Zickzack durch die kohlrabenschwarze Nacht auf den Fußball zu.

Er stürzte sich auf ihn, stopfte das verschmutzte Rund schnell in sein Sturmgepäck und eilte zu seinen Kameraden zurück.

Als er das Sturmgepäck abwarf und die Soldaten johlend hineingriffen, zogen sie den abgetrennten Kopf eines Deutschen heraus.

Ein Ableger der altbekannten Geschichte, laut der deutsche und englische Truppen am ersten Weihnachtstag miteinander Fußball gespielt haben sollen. Nach dem Ende des Spiels hat man die Torpfosten abgebaut und sich der angenehmeren Tätigkeit zugewandt, sich gegenseitig zu massakrieren. Dumm-Dumm-Geschosse gehen halt nie aus . . .

Das Geisterflugzeug

Es gibt eine Geschichte aus dem Ersten Weltkrieg, die nicht totzukriegen ist: Darin geht es um eine Sopwith Camel, die so spät von einer Mission zu ihrem Landeplatz in Nordfrankreich zurückkam, daß jedermann schon angenommen hatte, die Maschine und der Pilot müßten als Verlust verbucht werden.

Als man schon alle Hoffnung aufgegeben hatte, vernahm man Propellergebrumm und sichtete einen Doppeldecker, der zwar Kampfspuren aufwies, aber ganz normal flog. Die Maschine kam runter und legte eine perfekte Landung hin. Das Bodenpersonal und eine Ambulanz rasten auf die Landebahn, um den Flieger in Empfang zu nehmen, aber sie wurden nicht mehr gebraucht.

Der Pilot war tot, und zwar schon seit mindestens zwei Stunden.

Da schnallste ab, was, Marie Celeste? Heutzutage steuern sich Flugzeuge nämlich selbst. (Siehe zum Beweis »Autopirat« in **Technophobien***.)*

Stück für Stück

Im Ersten Weltkrieg kursierten viele gräßliche Geschichten über das Schicksal alliierter Soldaten, die den Deutschen in die Hände gefallen sind, aber nur wenige sind so enthüllend wie diese, die mir mein Opa über einen Kameraden seines Vaters erzählt hat.

Der junge und mutige Bursche war Offizier und während der Schlacht an der Somme – einem grauenhaften Ereignis, dem er zum Glück lebend entronnen war – in Gefangenschaft geraten. Man brachte ihn in ein Kriegsgefangenenlager, wo er sofort einen Ausbruchsversuch machte, indem er sich in einem durch das Lager fahrenden Karren versteckte. Ein paar Stunden später war er wieder da, aber nach zwei Wochen Planung büxte er wieder aus. Er wurde nur geschnappt, weil er von einer Felswand abstürzte, um einer deutschen Patrouille zu entgehen. Er erlitt schauerliche Verletzungen an den Armen und Beinen, und das Lagerhospital konnte nur wenig tun, um zu verhindern, daß er Wundbrand bekam. Bald hörte er vom Arzt, man würde ihm ein Bein amputieren müssen. »Herr Doktor«, sagte der junge Bursche, »würden Sie mir die Ehre erweisen und das amputierte Bein durch das Rote Kreuz nach England schicken? Ich möchte wie ein vollblütiger Engländer begraben werden.«

Der Arzt fügte sich seinem Wunsch. Nach der Operation sorgte er dafür, daß das Bein auf der Stelle zu den Verwandten des Offiziers nach Hause geschickt wurde.

Kurz darauf stand auch das andere Bein zur Amputation an. Der junge Engländer äußerte die gleiche Bitte, die auch diesmal feierlich erfüllt wurde.

Doch als man ihm sagte, einer seiner Arme hätte einen irreparablen Schaden und der Bursche auch diesmal darum bat, ihn nach England zu schicken, mußte der Arzt ihm eine traurige Nachricht überbringen: »Mein Herr, ich fürchte, ich kann Ihren Arm nicht nach England schicken. Der Kommandant ist in dieser Hinsicht sehr streng. Er glaubt, Sie machen schon wieder einen Fluchtversuch – Stück für Stück.«

Helden sind überall beliebt, und Militärsagen scheinen in dieser Hinsicht einen eindeutig abenteuerlichen Beigeschmack zu haben: Männer, die innerlich von Tollkühnheit angetrieben werden, beschwören den Geist von Bulldog Drummond[1] *und* Gesprengte Ketten[2] *herauf. Was die folgende Geschichte noch ergreifender macht . . .*

Felix, das Schoßkind des Glücks

Im Zweiten Weltkrieg gab es offenbar einen mit besonderem Glück versehenen Tommy, der bei seinen Kameraden als »Felix« Mellors bekannt war. Er schien nicht nur die neun Leben einer Katze zu haben – in der Zeit, die er an der Front verbrachte, hat er sie auch verbraucht.

Einmal pirschte er gerade mit zwei Kumpels wie ein Indianer durch ein französisches Dorf, als der einzige Schuß eines Scharfschützen die Männer umnietete, die vor und hinter ihm gingen. »Felix« passierte nichts.

Bei einem anderen Zwischenfall fiel er vor einem deutschen Panzer auf die Nase, doch das Fahrzeug fuhr glatt über ihn hinweg und tat ihm nichts zuleide, da er wieder mal Glück gehabt hatte und in einem Bombentrichter gelandet war.

Außerdem war er zweimal vom Feind geschnappt worden – doch dann tauchten jedesmal die Russen auf und befreiten die Gefangenen. Wenn sie in französischen Städten auf Urlaub weilten, fiel seinen verärgerten Kameraden auf, daß »Felix« offenbar immer die »bellesten Mademoiselles« abkriegte. Kurz gesagt: »Felix« war ein Glückspilz.

Nun ja, an diese und viele andere Geschichten und glückliche Fluchten seiner militärischen Karriere erinnerte er sich bei einer Wiedersehensfeier des Regiments im Kreis seiner Kameraden – viele Jahre nach dem Ende der Feindseligkeiten, als die ganzen alten Tommies mit ihren Offizieren rund um ein Lagerfeuer saßen und feierten.

Doch irgendwie war das Glück an diesem Abend nicht auf seiner

---

1 Bulldog Drummond: Filmserie (USA 1929-1947)

2 Gesprengte Ketten: Kriegsfilm von John Sturges (USA 1962), in dem alliierte Gefangene in einem deutschen Lager jede Gelegenheit zur Flucht ergreifen

Seite. Denn der Offiziersbursche, der den Boden rings um das Lagerfeuer vorbereitet hatte, hatte versehentlich etwas Munition zwischen das am Boden liegende Anmachholz gefegt. Als die Nacht hereinbrach und das Gelächter lauter wurde, durchdrang das Knallen der aus dem knisternden Lagerfeuer schießenden Kugeln die Luft. Der arme »Felix« wurde mitten ins Herz getroffen und war auf der Stelle tot.

Selbstmörder gesucht

Die Kompanie meines Urgroßvaters wurde im Schützengraben durch eine andere ersetzt und durfte sich zurückziehen, um sich auszuruhen. Da die Soldaten an der Front ein besonders blutiges Gemetzel hinter sich hatten, brachte man sie in eine französische Kleinstadt. Der Sergeant teilte ihnen mit, als Sonderbelohnung für ihre Tapferkeit hätte man eine Unterhaltung vorbereitet, die mehr Harmonie zwischen den Gemeinen und den Offizieren herbeiführen sollte. Die müden Krieger wurden auf ein Feld gebracht, auf dem ein Offizier auf einem Pferd umherritt.

Man teilte Säcke mit Kartoffeln an sie aus und sagte, sie sollten den Offizier bewerfen. Wer die meisten Treffer hätte, würde einen Preis gewinnen. Nun war in jener Zeit zwischen Gemeinen und Offizieren die Zuneigung nicht sehr groß, und so warfen die Soldaten die Kartoffeln so fest, wie sie nur konnten.

Der arme Offizier war bald darauf grün und blau, was die Soldaten sehr freute. Doch dann machte plötzlich die Nachricht die Runde, der wahre Grund für die »Behandlung« sei der, daß man herauskriegen wollte, wer die höchste Trefferzahl erzielte. Diese Leute wollte man ins Granatenwerferkorps versetzen. Granaten waren nämlich damals äußerst unzuverlässig und wurden in Brustbeuteln getragen, was den Job praktisch zu einem Selbstmordkommando machte.

Komischerweise nahm die Zielkunst der Soldaten daraufhin gewaltig ab, denn keiner traf mehr das Ziel. Der verwirrte Sergeant winkte den Offizier vom Platz, und zur Freude der einfachen Soldaten blieben die vakanten Granatenwerferstellen unbesetzt.

Die meisten Kriege haben ihre Sagen, doch das Getümmel auf den Falkland-Inseln hat ein paar neue hervorgebracht, die meist mit Schafen zu tun haben. In diesen Kuschelphantasien geht es um Tiere, die man entweder mit spanisch sprechenden Argentiniern oder mit verkleideten Agenten verwechselt, die im Schutz der Dunkelheit in geheimer Mission über die Inseln schleichen. Oder waren es gar Angehörige der 1. Königlichen Maul- und Klauenseuchenkompanie? Die beiden o. a. und andere Geschichten werden in allen Einzelheiten in Rodney Dales ausgezeichnetem Buch It's true ... It Happened to a Friend[1] *beschrieben. Hier eine Falkland-Sage, die Sie dort nicht finden werden ...*

Potemkinsche Bombentrichter

Nach einem total mißglückten britischen Bombardement auf den Flugplatz von Port Stanley rannten die Argentinier auf die Landebahn hinaus und breiteten riesige Plastikdecken aus. Auf diese hatte man Bilder von Bombentrichtern gemalt, um die Aufklärung der RAF glauben zu machen, die angepeilten Ziele seien getroffen und man brauche sich nicht noch einmal um sie zu kümmern.

Der wirkliche Grund, weshalb die Argentinier den Krieg verloren haben, ist der: Sie haben zu viel Zeit in die Produktion der Plastikdecken investiert – und zu wenig in die von Plastikbomben.

Damit reihen sich die Argentinier in die lange Reihe der Erbauer Potemkinscher Dörfer ein – sie reicht von den Griechen und ihrem trojanischen Pferd über Mussolinis Sperrholz-Luftstreitmacht sowie die aufblasbaren Panzer, Gummi-Lancasters (die wohl Hüpfbomben abwarfen) der Alliierten bis zu den Pappkartonschatten, die im Golfkrieg auf irakischen Flugplätzen aufgestellt wurden, um dem Gegner den Eindruck zu vermitteln, Saddam verfüge über Hunderte von getarnten Düsenjägern. Oder war es nur eine Fata Morgana?

1 Siehe Bibliographie am Ende des Buches

Und jetzt das Ganze noch mal von vorn

Ein Freund von mir – er ist Zivilist – arbeitet bei irgendeinem Marine-Geheimdienst als Tintenkleckser und mußte neulich am Ende der Welt an einem von der Marine veranstalteten Überlebenstraining teilnehmen. Er hatte Muffensausen, weil die Marine-Machos seinen Mumm prüfen wollten, denn das Abschrauben der Kappe seines Füllers war das einzige, was er je getan hatte, um sich körperlich zu ertüchtigen.

Nun, der Kurs fing mit einer erfreulichen Überraschung an: Ein beinharter glatzköpfiger Sergeant schenkte jedem der Teilnehmer ein wolliges, drolliges Häschen – mit der Bitte, ihm einen Namen zu geben. Unser Rotarsch taufte das seine nach seiner Schwiegermutter auf den Namen Mavis, und Mavis wurde sofort seine beste Freundin.

Die Übungswoche selbst war grauenhaft. Man probte einen Angriff nach dem anderen. Dann mußten sie durch strömenden Regen marschieren. Man veranstaltete Nachtübungen und einen zweitägigen Orientierungsmarsch, allein durch die Wildnis, ohne Zelt, ohne Nahrung, ohne etwas zu trinken.

Als die Männer, die während der ganzen Woche für ihre süßen Häschen gesorgt und sie gefüttert hatten, halbtot zur Basis zurückkehrten, stellte sie der Sergeant vor eine Alternative, die jedem Engländer das Blut in den Adern gefrieren läßt: Entweder jeder murkst seinen Hasen ab, zieht ihm das Fell über die Ohren und ißt ihn auf – oder wir wiederholen die Woche in der Wildnis.

Rakete mit Grips

Neue technische Geräte und ihre unbekannten Eigenschaften scheinen in uns die schlimmste Paranoia zu erzeugen – dies gilt besonders für geheime militärische Gerätschaften, um die sich zahlreiche Sagen ranken. Die Vorstellung von »wärmesuchenden« Raketen hat die Phantasie der Öffentlichkeit vielleicht mehr beflügelt als jede andere, und die Waffe selbst ist in sagenerzählenden Kreisen die beliebteste.

Eine dieser Geschichten dreht sich um eine militärische Übung, die in der Salisbury-Ebene stattfindet. Alle hohen Tiere sind anwesend, um sich anzusehen, wie die neue ultra-empfindliche wärmesuchende Waffe funktioniert. Doch nachdem man die Rakete auf einen Panzer abgefeuert hat, der fünfhundert Meter entfernt im Gelände steht, weicht sie ab, fliegt auf die Generale zu, fegt knapp an ihren Autos vorbei und jagt die Gulaschkanone in die Luft, an der ein Koch aus der Nachschubstaffel gerade im Begriff ist, den hungrigen Soldaten eine Mahlzeit zuzubereiten.

Soviel zum Thema »intelligente« Bomben. Obwohl man sich natürlich fragen muß, was Bomben, die etwas auf dem Kasten haben, beim Militär überhaupt verloren haben . . .

Gefährliche Fische

In den fünfziger Jahren hat die amerikanische Marine mit Delphinen und Tümmlern experimentiert, um ihnen beizubringen, wie man Magnetbomben am Rumpf feindlicher Schiffe befestigt. Das Projekt wurde jedoch bald abgeblasen, da die schmusigen Geschöpfe immer wieder mitsamt den an ihnen befestigten Minen zurückkehrten, wenn sie nicht an den gegnerischen Schiffen haften wollten.

Obige Episode ist das tragische Echo der traurigen Geschichte des Weißwals, den die Bewohner eines türkischen Dorfes im Frühjahr 1992 adoptierten. Der verspielte Bursche, der sich in einem Fischereihafen 1.500 Kilometer von seiner baltischen Heimat entfernt einen schönen Tag machte, war seinen russischen Häschern nämlich entwischt, die ihn für militärische Experimente benutzt hatten. Aber da er zu viel wußte, kam die rote Faust der Unterdrückung . . . Verzeihung, der nun freie Staat übte seine demokratischen Rechte aus, indem er den bedrohten Weißwal einfing und ins Labor zurückschleppte.

NICHT TOTZUKRIEGENDE WEISHEITEN
Militär

- Hätte Hitler eine Invasion Englands versucht, hätte Churchill Rohöl in den Ärmelkanal geschüttet und ihn angezündet.
- Moderne Waffen können auch aus der Entfernung von mehreren hundert Kilometern haargenau treffen.
- Fallschirmjäger kennen über fünfzig verschiedene Methoden, mit bloßen Händen Menschen umzubringen.
- Als die männlichen und weiblichen Soldaten im Golfkrieg zusammen auf den Schiffen waren, haben sie es pausenlos miteinander getrieben.
- Schlachten werden auf den Sportplätzen von Eton gewonnen.
- Im Ersten Weltkrieg sind den alliierten Soldaten bei Mons regelmäßig Engel erschienen.
- Wenn man seinen Namen auf eine Patrone schreibt und sie in der Tasche aufbewahrt, kann man nicht erschossen werden.
- In den allerersten Panzern waren Esel und eingebaute Futtersäcke (jetzt hat man die Futtersäcke abgeschafft).
- Bei Manövern haben die Amis die besten Freßpakete; die britische Armee hat die schlechtesten.
- Zündet man nachts drei Zigaretten mit dem gleichen Streichholz an, erwischen einen die Scharfschützen: eine brauchen sie, um einen zu sehen; eine weitere, um Ziel zu nehmen, und die dritte, um zu feuern.
- Was unserer Jugend fehlt, ist ein richtiger Krieg.
- Im Zweiten Weltkrieg wurden Soldaten ziemlich oft verschont, weil die Kugeln ihre Tabaksdosen trafen.
- Um zur Marine zu kommen, braucht man nicht unbedingt schwimmen zu können.
- Auf amerikanischen Flugzeugträgern gibt es so viele ausgeklinkte Typen, daß die Kapitäne rund um die Uhr von einem bewaffneten Leibwächter beschützt werden.

REISEKOTZEN

Gefahren, die im Ausland lauern

Briten können es nicht ausstehen, wenn andere Völker ihren Spaß haben, deswegen überrascht es niemanden, daß es so viele Großstadt-Legenden über den abscheulich in die Hose gegangenen Traumurlaub gibt. Schon auf dem Kontinent kann einem einiges passieren, aber am schimmsten ist die Kreuzfahrt Erster Klasse in gefährlichen Gewässern, von denen die meisten Reisenden als Andenken nur die Tränen in den Augen mit nach Hause bringen. Diese alles überragenden Übersee-Odysseen mögen dem Faß vielleicht die Krone aufsetzen, aber sie enthalten auch bösartige Xenophobie und grundlegendes Mißtrauen Ausländern und ihren Ländern bzw. Fähigkeiten gegenüber...

Urlaubshorror

Ein Ehepaar, das ich kenne, fuhr einmal in ein Hotel am Mittelmeer in den Urlaub. Sie amüsierten sich spitzenmäßig, doch nach der Hälfte des Urlaubs wurde in ihr Zimmer eingebrochen. Mysteriöserweise wurde jedoch nichts gestohlen; man hatte nur die Schubladen durchwühlt.

Obwohl die beiden leicht vergrätzt waren, urlaubten sie fröhlich weiter. Als sie dann prima erholt nach Hause kamen, brachten sie zuerst ihre Urlaubsfilme zum Entwickeln – die Erinnerungsstücke an ihre schönen Ferien.

Doch als sie die Abzüge bekamen, erlebten sie einen unerfreulichen Schreck. Unter den Aufnahmen, die sie am Strand und an der Hotelbar von sich gemacht hatten, befanden sich mehrere enthüllende Schnappschüsse der Kehrseiten der Möchtegern-Einbrecher: Sie waren nackt, und die Zahnbürsten unserer Urlauber steckten – mit der Bürste nach innen – in ihren haarigen Arschlöchern.

Und nicht vergessen: Der Einbruch geschah, als die beiden erst den halben *Urlaub hinter sich hatten . . .*

Das Grill-Deck

Der Bruder meines Freundes hatte in der Tippgemeinschaft seiner Arbeitsstelle das Große Los gezogen und wollte seinen Gewinn auf einer Karibikkreuzfahrt verballern. Er lebte wie ein Fürst; er tanzte und soff jede Nacht bis in den frühen Morgen, flirtete mit den Frauen und fühlte sich wie Gott in Frankreich. Eines Tages stand er besonders spät auf, etwa gegen Mittag. Er hatte einen fürchterlichen Kater, kroch aus dem Bett, schlüpfte in seine Badehose, setzte die Sonnenbrille auf und wankte in den hellen karibischen Sonnenschein hinaus.

Um diese Zeit hatten die Deutschen natürlich schon die meisten Liegen besetzt. Es sah so aus, als gäbe es keinen Platz mehr, an dem er sich hinhauen konnte. Zum Glück fand er ein nettes, sonniges Eckchen an Deck, legte sich auf das warme Eisenschott und ratzte wieder ein.

Ein paar Stunden später erwachte er mit schauerlichen Schmerzen und stellte fest, daß die blasenwerfende Mittagssonne seine Haut geschmolzen hatte. Er klebte an dem sengendheißen Eisendeck fest.

Zöllner sind auch nur Menschen

Ein Kumpel meines Schwiegervaters ist Pilot bei einer Fluggesellschaft. Er war für British Airways jahrelang auf der Route New York-London unterwegs und erinnert sich an einen Zwischenfall, über den er noch heute lachen muß.

Er hatte seinen Jumbo nach Heathrow geflogen, und als die Passagiere ausgestiegen waren, fand eine Stewardess unter einem Sitz ein kleines Holzkästchen. Als sie es öffnete, stieß sie darin auf ein verdächtig aussehendes weißes Pulver.

Die Typen vom Zoll kreuzten sofort auf. Einer von ihnen öffnete das Kästchen, steckte einen Finger hinein und schob ihn in den Mund, um das Zeug zu kosten.

»Nun, ein Narkotikum ist es nicht«, sagte er zackig. In diesem Moment kam eine ältere Dame durch den Zwischengang und erkundigte sich bei der Stewardess, ob sie zufällig auf einen kleinen Behälter gestoßen sei, der die Asche ihres Gatten enthielt.

[Siehe auch »Suppe aus Kanada« in **Freunde und Verwandte.***]*

Raus aus'm Fischerboot, rin ins Feuer

Der Chef der Firma, in der mein Freund arbeitet, liebt die schönen Dinge des Lebens, zu denen seiner Meinung nach auch Südfrankreich gehört, besonders die Camargue. Er war sehr oft dort, und am liebsten ging er zum Angeln. An einem glühendheißen Sommertag wollte er sich ein Ruderboot mieten und auf einem See angeln gehen. Er stieß zwar auf eine idyllische, leere Stelle auf dem Wasser, aber nirgendwo war ein Bootsverleih. Zum Glück fand er auf dem See einen alten Kahn, der noch ganz gut schwamm. Er ruderte in die Mitte des Sees hinaus und warf die Angel aus, um etwas zu erbeuten.

Unglücklicherweise brach einige Kilometer von ihm entfernt ein Waldbrand aus, was in heißen Sommern in dieser Region nicht selten vorkommt. Man alarmierte die örtlichen Behörden und schickte nach Sprühflugzeugen, um das Feuer aus der Luft zu löschen.

Maschinen dieser Art arbeiten so, daß sie im Tiefflug über das Wasser herziehen, Flüssigkeit in den Laderaum schaufeln und es dann über dem Brandherd abwerfen.

Unser Mann war noch völlig geistesabwesend, als eine Maschine auf seinen winzigen Kahn zuraste, ihn zusammen mit einigen tausend Litern H_2O einsammelte und in das unter ihm tobende Feuer warf, wobei ihm wunderbarerweise nichts passierte.

Die Sonnenanbeterin

Eine Freundin meiner Tante, die in ihrer Jugend ein heißer Feger gewesen war, kam allmählich in die Jahre, aber sie war noch immer ein ansehnliches Ding. Sie pflegte sich auch sehr und ließ sich gern bräunen, damit ihr »blondes« Haar besser zur Geltung kam. Ihr Gatte buchte in der Regel schon im Frühjahr den Urlaub in Griechenland, damit sie sich später im Garten im Bikini gut machte und ihre Bräune sich erhielt.

Doch in einem Jahr hatten die Konservativen mal wieder eine Rezession angesagt. Die beiden waren etwas knapp bei Kasse und mußten die Woche am Mittelmeer absagen. Als die Sommermonate heraufzogen, wollte sie schneller als gewöhnlich braun werden.

Sie hatte in einem Versandhauskatalog einen Sonnenreflektor gesehen, mit dem man schnell braun werden konnte, doch damit es billiger wurde, bastelte sie sich aus Alufolie und einem Kleiderbügel selbst so ein Ding und baute es im Garten hinter dem Haus rings um ihre Sonnenliege auf. Der Tag war echt heiß, also legte sie sich hin, um die Sonne eine Weile anzubeten.

Als ihr Mann von der Arbeit nach Hause kam, fand er sie im Garten liegend vor – durchgebraten wie ein Steak ...

Rätselhafter Orient

Kurz nach dem Zweiten Weltkrieg reiste der Vater meiner Tante allein mit einem Jeep in dem Gebiet herum, das damals Palästina hieß, und brach sich bei einem Sturz in den Bergen ein Bein.

Da er nicht mehr fahren konnte, humpelte er mehrere Tage umher. Dann fand er Hilfe, und man brachte ihn in ein Militärlazarett, das man eingerichtet hatte, um die Bewohner der in der Umgebung von Gaza liegenden Dörfer medizinisch zu versorgen.

Obwohl man eigentlich nicht die nötigen Einrichtungen hatte, um das Bein zu retten, glaubten die Ärzte, wenn man ihn in den nächsten Ort brächte, sei es zu spät (der Wundbrand hatte schon eingesetzt). Also beschloß man, ihn sofort zu operieren.

Traurigerweise entstand ein Chaos, an dem der Sohn eines einheimischen hohen Tiers nicht unbeteiligt war, und zudem statteten ein paar Ziegen dem »Operationssaal« einen Besuch ab. In der Verwirrung wurde ihm das falsche Bein abgenommen.

Nach diesem entsetzlichen Irrtum strengte sich die Mannschaft doppelt und dreifach an, und es gelang ihr, das kranke Bein zu retten.

Die Toupet-Klauer

Ich habe früher mit einem jungen leitenden Angestellten aus der Werbung zusammengearbeitet, von dem alle fest glaubten, er trüge ein zum Rest seiner Löckchen passendes rötliches Spitztoupet á la Rod Stewart. Da er ein sehr selbstbewußter Kauz war, traute sich niemand, ihn nach der Seegrasmatratze zu befragen, und so redeten wir nur darüber, wenn er nicht im Raum war.

Im letzten Jahr machte er Urlaub in Kenia, in einem Strandhüttenlager in der Nähe von Mombasa, und als er zurückkam, erzählte er uns eine haarsträubende Geschichte. Es war in der Nachsaison gewesen, außer ihm und seiner Frau hatten nur noch zwei andere Ehepaare und das Sicherheitspersonal dort gewohnt.

Nach der ersten Urlaubshälfte wurden sie von einem Klopfen an der Tür geweckt. Es war zwei Uhr morgens, und da unser Werbemensch seine Unterhose nicht fand, zog er das Höschen seiner Frau an, ging an die Tür und öffnete. Vor ihm standen etwa fünfzehn riesige Massai mit Maschinenpistolen und Buschmessern. Sie hatten die beiden

Wächter bewußtlos geschlagen und baten sehr höflich um den Besitz des Paares.

Während sie ihre gesamte Habe durchwühlten und ihre Uhren, Klamotten, den Whisky (den sie sofort in sich hineinschütteten) und alles andere klauten, was in Kenia schwer aufzutreiben ist, stand der Typ im Höschen seiner Gattin da. Er hatte Angst, daß sie ihm etwas taten – oder noch schlimmer: daß sie sich auf seine Frau stürzten.

Nach einer Stunde Terror verließen die Massai die Hütte, setzten sich draußen hin und soffen weiter. Der Werbemensch war so erleichtert, daß er »Asanti sana« sagte – Swahili für »Danke«. Doch je länger er ihrem betrunkenen Gegröle zuhörte, desto nervöser wurde er.

Dann hauten sie wieder ab. Der Typ schaute nach, was sie zurückgelassen hatten. Ihre gesamten Klamotten waren weg. Er hatte nur noch das Höschen, das er am Leib trug, und das hatte er dreimal beschmutzt.

Als er uns dies erzählte, gafften wir wie die Blöden – teilweise wegen der Irrsinnsgeschichte und teilweise, weil wir uns einen Massai-Krieger vorstellten, der mit einem feuerroten erbeuteten Rod Stewart-Toupet stolz durchs Tal der Glücklichen hüpfte – denn unser Kollege hatte sich, um den Diebstahl des Dings verschweigen zu können, »nur so« eine Vollglatze scheren lassen.

»'inter Ihnen!«

Ein Ehepaar aus Plymouth machte eine Reise nach Paris. Es ließ sich von der Fähre übersetzen, fuhr in die romantische französische Hauptstadt und erreichte sein Hotel, als es gerade dunkel wurde.

Dort angekommen, erwies sich das Aufstöbern eines Parkplatzes als Hauptproblem. Sie hatten schon vom berüchtigten Pariser »Hörparken« gehört, bei dem der Fahrer sich in eine Parklücke quetscht, bis es scheppert, und sie wollten den Franzosen unbedingt zeigen, wie gebildete Briten ihre Fahrzeuge abstellen.

Schließlich fanden sie irgendwo in der Innenstadt eine ungünstige, verstopfte Seitenstraße. Der Typ gab sich alle Mühe, in eine Parklücke reinzukommen, aber er hatte Probleme mit der Sicht.

Ein Pariser Passant, der das GB-Schild und ihr Problem sah, lief auf sie zu, um sie mit Gesten einzuweisen.

»Eine Meter ist 'inter Ihnen«, rief er.

Also fuhr der Typ ein Stück weiter zurück. Der Einheimische riß die Arme hoch und wiederholte: »Eine Meter ist 'inter Ihnen!« Also gab der Fahrer noch ein bißchen Rückwärtsschub.

Der Pariser winkte und schrie erneut, diesmal leicht ungeduldig: »Eine Meter ist 'inter Ihnen!«

Also trat der Typ voll drauf und zischte ab. PATSCH! Der Pariser schüttelte den Kopf, streckte hilflos die Arme aus, klopfte dann an die Seitenscheibe und deutete auf einen übel zugerichteten Eisenpfosten, der hinter dem Wagen umgeknickt war.

»Isch 'abe doch gesagt, 'inter Ihnen ist eine Meter[1]!«

Die Strandleiche

Zu den ersten Briten, die ins wunderschöne westafrikanische Gambia reisten, als es sich dem Tourismus öffnete, gehörte auch ein junges Pärchen. Die beiden wurden von der Freundlichkeit der Einheimischen, dem phantastischen Wetter und dem wunderschönen, blitzsauberen Strand förmlich erschlagen.

Eines Tages, der Mann schwamm im Meer, legte sich die Frau in die Sonne, um sich bräunen zu lassen, und nickte kurz ein.

Als ihre Vorderseite fertig war, drehte sie sich auf den Bauch und streckte die Arme aus. Im gleichen Moment kam sie mit kaltem Menschenfleisch in Berührung, und da sie annahm, es handele sich um ihren gerade dem Meer entstiegenen Freund, riskierte sie einen Blick. Da ragte eine steife Hand aus dem Sand – sie gehörte einer Leiche, die man dort vergraben hatte.

---

1 Meter = (engl.) auch Parkuhr

Wie sich herausstellte, ist es bei manchen Völkern da unten Brauch, Tote dort zu beerdigen, wo sie gestorben sind. Der Mann war ertrunken, aber dem Meer hatte man ihn wegen der räuberischen Fische nicht anvertrauen wollen . . .

Die gefoppten Schweizer

Einer meiner Kumpels hat mehrere Jahre im nigerianischen Lagos gearbeitet. Ihm zufolge ist die Stadt ein heißes Pflaster, und er wußte auch eine Geschichte zu erzählen, die diese Ansicht unterstützt.

Eines Tages wurde er von einem in Tränen aufgelösten Schweizer Ehepaar in den mittleren Jahren angesprochen, das ihm eine traurige Geschichte erzählte: Die beiden waren an diesem Tag in Nigeria angekommen, um den Urlaub zu erleben, von dem sie ein Leben lang geträumt hatten. Sie hatten jahrelang für einen Rundflug durch ganz Afrika gespart. Lagos sollte ihr erster Haltepunkt sein. Der Bequemlichkeit halber hatten sie ihre gesamten Ersparnisse in Bargeld und Reiseschecks eingetauscht.

Sie hatten auch vorab fleißig Bücher und Reiseführer gelesen, so daß sie, als sie am heißen Flughafen von Lagos ankamen, wußten, daß sie nach einem Taxi mit einer Lizenz und einem Nummernschild Ausschau halten mußten. Denn dort wimmelt es von Horden unregistrierter Fahrer, die einem das letzte Hemd stehlen, sobald man ihnen einen Blick schenkt.

Die beiden nahmen ihren Stadtplan zur Hand, schauten sich die Taxen an und wählten das am besten aussehende Fahrzeug aus – einen zerbeulten alten Peugeot 504 mit Nummernschild und Lizenz. Dorthin brachten sie ihre schweren Koffer.

Der Taxifahrer war ein freundlicher Bursche. Er fragte sie, woher sie kämen, und hieß sie herzlich in Nigeria willkommen. Er nahm ihre Koffer, verstaute sie sicher im Kofferraum und sagte: »Halten Sie die Fenster geschlossen, wenn wir in die Stadt kommen, weil die Halbstarken sonst versuchen, in den Wagen hineinzugreifen, um Ihren

Schmuck zu stehlen.« Sie hielten sich an seinen guten Rat und dankten ihm für seine Mühe.

Während der Fahrt zum Hotel gab der Fahrer ihnen massenweise nützliche Tips: die Namen guter Restaurants, in denen man essen konnte; Sehenswürdigkeiten, die man einfach gesehen haben mußte; Orte, an die man lieber nicht ging, und so weiter. Als sie am Hotel waren, dankten die Schweizer ihm überschwenglich. Sie konnten es kaum erwarten, die Stadt zu erforschen.

Vor dem Hotel ließ der Taxifahrer den Motor laufen und suchte unter dem Armaturenbrett nach einem Kugelschreiber. Er schlug vor, daß die beiden das Gepäck schon mal aus dem Kofferraum holten – er wollte ihnen ein paar Adressen der Lokalitäten aufschreiben, von denen er erzählt hatte.

Die beiden stiegen aus und traten an den Kofferraum. Doch der Fahrer gab Gas, und das Taxi zischte ab, mit ihren Koffern, ihrem Geld, ihren Flugtickets und ihren Kleidern – mit allem, was sie mitgenommen hatten, außer den dicken europäischen Klamotten, die sie auf dem Leibe trugen.

Als sie versuchten, das Nummernschild des Lumpen zu entziffern, sahen sie nur einen dreckigen Lappen, mit dem es verhängt war. Er wippte im rußigen Qualm des Auspuffs.

Dies ist zwar eine der allgemeinen Reisegeschichten, von denen jeder sagt, er kenne einen Bekannten der armen Opfer, aber die Nigerianer scheinen im Augenblick eine besonders schlechte Presse zu haben: Momentan machen viele Geschichten über finanzielle Betrügereien die Runde. Da wir gerade davon sprechen, ein kleiner Ausflug in die nigerianischen Geschäftspraktiken der siebziger Jahre: Während des Ölbooms dieses Landes haben zahlreiche Unternehmer bei europäischen Firmen Tanker voller Flüssigbeton geordert, um Grundsteine für die Neuentwicklung der Stadt Lagos zu legen. Leider ging der Ölpreis 1974 in den Keller, und die Betontankerflotten, die im Hafen von Lagos anlegten, fanden nicht die geringste Spur der Person, die das Geschäft angeleiert hatte. Also mußten die Schiffe, einmal ganze vierzehn an der Zahl, wochenlang vor Anker liegen, wobei ihre Ladung langsam hart wurde.

Der blinde Passagier

Ein kleiner Junge aus einem Internat in Sussex war immer neidisch auf die Kinder, die am Wochenende nach Hause flogen, während er in der Schule bleiben mußte.

Und so riß er an einem Wochentag aus und gelangte nach Gatwick. Er hatte keine Ahnung, daß Flugzeuge bestimmte Strecken fliegen, und ging davon aus, jede Maschine würde ihn ins heimatliche Marokko bringen. Da ihm bewußt war, daß er ohne Paß und Ticket nicht viel zu besehen hatte, dachte er sich ein Ablenkungsmanöver aus.

Er wartete ab, bis eine Großfamilie mit vielen Kindern an den Schalter kam. Als das Chaos, das sie erzeugten, sich gelegt hatte und alle durch die Sperre waren, lief er hinter ihnen her und rief: »Mammi, Mammi, warte auf mich!«

Das Schalterpersonal ließ sich von dem kleinen Jungen narren und ließ ihn lächelnd durch. Genau das gleiche machte er bei der Sicherheitsüberprüfung – auch da gab es kein Problem.

Er kam tatsächlich bis nach Paris, wo die Maschine auf dem Weg ins nigerianische Lagos einen Zwischenhalt machte. Erst dann bemerkte die Mannschaft, daß sie einen blinden Passagier an Bord hatte.

Die nächsten drei Geschichten spielen mit unserer Urangst, in fremden Gefilden öffentlich bloßgestellt zu werden. In diesen besonders exotischen Eskapaden hält die rotgesichtige Peinlichkeit auch dann noch an, wenn die Sonnenbräune längst verblaßt ist.

Die nackte Skiläuferin

Meine Freundin war auf Skiurlaub in den französischen Alpen. Sie hatte viel Spaß; das Wetter war phantastisch, und der Schnee einfach himmlisch. Sie war eine erfahrene Skiläuferin, und eines Tages nahm sie sich vor, die Hänge auf eigene Faust zu erkunden. Über der Schneedecke lag wunderbarer Pulverschnee.

Sie fegte gerade eine besonders schöne Piste hinunter, als sie plötzlich mußte – zuviel *Après-Ski* am Abend zuvor. Da sie keine Chance hatte, rechtzeitig zur Skihütte zurückzukehren, und da niemand in der Nähe war, beschloß sie, es im Freien zu tun, und zwar sofort.

Sie öffnete vorsichtig den Reißverschluß ihres Designer-Skianzugs, pellte sich heraus und entblößte sich bis unterhalb der Knie.

Doch mitten im Geschäft fing sie an zu rutschen und raste bald darauf hilflos den Hang hinab.

Sie landete am Fuße des Berges in einem Haufen und wurde, an zuviel Bloßstellung leidend, ins Krankenhaus gebracht.

Dort erzählte sie die Geschichte dem Mann, der neben ihr im Bett lag. Er war mit zwei gebrochenen Beinen eingeliefert worden und konnte sich vor Lachen nicht mehr halten. Als sie fertig war, fragte sie ihn, wie er sich seine Verletzungen zugezogen hatte.

Er war gerade einen Hang hinuntergefegt, als ein nacktes Mädchen auf Skiern an ihm vorbeigezischt war – und da war er gegen einen Baum gekracht.

Privatvorstellung

Ein alter Freund von mir machte mit seiner Freundin den Urlaub seines Lebens und reiste sechs Monate lang auf dem indischen Subkontinent herum.

Zur Weihnachtszeit hielten sie sich im romantischen, staubigen Agra auf. Sie verbrachten einen wunderbaren Tag mit der Besichtigung des Taj Mahal, und die Romantik des Abends richtete ihre Sinne auf ein Essen zu zweit bei Kerzenschein, das sie in einem gemütlichen einheimischen Lokal einnahmen.

Das Restaurant war etwas einfach, klapprig und ruhig, aber das Personal war sehr freundlich, und das Essen schmackhaft. Sie fühlten sich pudelwohl.

Gegen Ende des Dinners rief die junge Frau einen der aufmerksamen Jungkellner und fragte, in der Erwartung, eine negative Antwort zu bekommen, ob das Lokal über eine Toilette verfüge.

Der Kellner lächelte breit und deutete auf eine am Ende des Speiseraums befindliche zweieinhalb Meter hohe, mit einem Vorhang verhängte Kabine. Die Frau erhob sich vom Tisch, bahnte sich einen Weg durch die Vorhangfalten des Behelfsklos und nahm auf einem wackligen Stuhl über einem Zinkeimer Platz.

Während sie ihr Geschäft verrichtete, glaubte sie das deutliche Geräusch rückender Stühle zu hören. Aber sie machte weiter, bis sie über sich ein plötzliches Rascheln vernahm.

Dann hob sie den Kopf – und erblickte ein Rudel lächelnder Kellner, die sich wißbegierig über den Rand der Kabine beugten und mit geilen Mienen ihren knapp bekleideten Körper anstarrten.

Die Rollschuh-Nummer

Der Freund eines Typs, mit dem ich Billard spiele, fuhr für ein paar Tage nach Amsterdam – mit dem Plan, ordentlich auf den Putz zu hauen und sämtliche Vorteile der dortigen Gastfreundschaft zu nutzen.

Eines Nachmittags ging er blau in ein Theater, in dem eine Reihe hübscher nackter Frauen auf der Bühne allerlei Kunststücke auf Rollschuhen vorführten. Das Publikum war begeistert.

Für eine Nummer benötigte man die Hilfe eines Mannes aus dem Publikum, und der Typ, der mit großen Augen ganz vorn stand, wurde auf die Bühne gezogen. Die Frauen führten ihn eine steile Rampe hinauf, zogen ihn splitternackt aus und schnallten ihm Rollschuhe an.

Dann stellten sich mehrere Frauen am unteren Ende der Rampe auf und drückten einladend den Hintern heraus. Der Typ kriegte echt einen hoch, als er die Rampe hinab auf sie zugestoßen wurde.

Als er hinunterfegte, sprang eine der Frauen im letzten Moment beiseite, riß einen Vorhang auf und ließ ihn durch die offene Tür auf die im Sonnenschein liegende Straße hinausfahren.

Dieser alte Heuler hat mehr Varianten als Holland Tulpen. Eine, die uns besonders gefällt, handelt von einem geilen Matrosen, der in Portsmouth Landurlaub macht.

Lamm auf Weltreise

Ein TV-Produzentin aus Glasgow wurde von ihren Eltern besucht, die als Bauern auf den Western Isles lebten. Sie nahmen ein Flugzeug nach Glasgow und kamen pünktlich an.

Am Laufband merkten sie, daß eins ihrer Gepäckstücke verschwunden war. Es handelte sich um ein Lamm von ihrem Bauernhof. Sie hatten es aus dem Kühlhaus geholt, in einen Pappkarton gepackt und mit einem Strick verknotet. Dies erzählten sie den Angestellten der Fluggesellschaft, doch da das Personal das Paket nicht finden konnte, versicherte man den Leuten, man würde sie sofort informieren, wenn man dem Lamm auf die Spur gekommen sei.

Die Eheleute beschwerten sich heftig, denn das Lamm war beim Einpacken tiefgefroren gewesen. Wenn es zu lange irgendwo herumstand, würde es verderben. Sie hinterließen die Telefonnummer ihrer Tochter und suchten selbst noch mal alles ab.

Am nächsten Morgen bekamen sie einen Anruf von der Fluggesellschaft, der besagte, sie sollten damit rechnen, daß das Paket in Kürze bei ihnen einträfe. Und wahrhaftig, der verschwundene Karton wurde ordnungsgemäß abgegeben. An dem Behälter klebte ein Entschuldigungsbrief, der erklärte, es sei aufgrund eines Schreibfehlers zu einer Verwechslung gekommen.

Nach der Ankunft des Lamms am Flughafen von Glasgow hatte man es versehentlich sofort auf einen Jumbo nach London-Heathrow umgeladen. Dort angekommen, hatte ein zusätzliches bürokratisches Durcheinander es postwendend in eine Concorde verbracht, die nach New York geflogen war.

Glücklicherweise hatten die Träger am JFK den Irrtum bemerkt und das weitgereiste Lamm sofort mit der gleichen Concorde nach Heathrow zurückgeschickt. Dort hatte man es, noch immer tiefgefroren, nach Glasgow in Marsch gesetzt. Und so konnte die Familie es noch am gleichen Abend zum Dinner verzehren.

Willkommen in Dallas

Ein Engländer, der zum ersten mal nach Dallas flog, fand sich im Brennpunkt des Interesses einer reichen, schönen, jungen, emanzipierten Frau wieder – der britische Akzent ist offenbar doch beliebt. Sie rückte ihm nicht mehr von der Pelle, und er war auch ganz verrückt nach ihr. Obwohl ihre direkte Art ihm ziemlich zusetzte, lud er sie in sein Hotelzimmer ein und bibberte vor Aufregung, als sie zusagte.

Sobald sie im Zimmer waren, legte sie ihre Klamotten ab und kroch unter die Decke. Er tat es ihr flink gleich und zog sogar die Socken aus. Als es kein Zurück mehr gab, suchte er – schließlich war er ein moderner und aufgeklärter Mann – in seiner Jeanstasche nach einer Lümmeltüte.

»Oho«, sagte die Lady aus Dallas, »bei mir wird nur mit blanker Waffe gekämpft, Cowboy!« Also spielten sie auf natürliche Art Fleischverstecken.

Als der Mann am nächsten Morgen aufwachte, war seine Geliebte weg. Lächelnd und vor sich hinsingend zog er die Vorhänge auf und bestellte das Frühstück.

Als er ins Bad ging, um zu duschen, fiel ihm auf, daß jemand mit einem grellroten Lippenstift eine Botschaft auf den Spiegel geschrieben hatte: »Willkommen im AIDS-Club, du Trottel! Einen schönen Tag noch!«

Bevor es AIDS gab, lautete der Spruch natürlich »Willkommen im Tripper-Club«, und davor ... je nach Lage der aktuellen Phobie.

NICHT TOTZUKRIEGENDE WEISHEITEN

Reisen

- Griechische Ferienhäuser werden nur deswegen nie ganz fertiggebaut, weil die Besitzer so keine Einkommenssteuer zu zahlen brauchen.
- Wenn man den Äquator zweimal an einem Tag überquert, bringt es Unglück.
- In der Türkei sind Bikinis verboten.
- Postkarten der Queen sind überall auf der Welt ein gutes Tauschobjekt.
- Die Amerikaner glauben, Britannien sei eine Insel vor der Küste von New York.
- Nimm für Notfälle immer einen halben Liter deines Blutes in einer Flasche mit.
- In Dhubai kann man sein Blut verkaufen.
- In Indien nicken die Leute, wenn sie »Nein« meinen; wenn Sie »Ja« sagen, schütteln sie den Kopf.
- In Monaco verstößt es gegen das Gesetz, wenn man ohne Hemd herumläuft.
- In keinem Land der Welt ist die Chance, daß man im Knast landet, so groß wie in Spanien.
- In den arabischen Ländern ist es nicht unfein, wenn man nach dem Essen rülpst; wenn einem etwas gefällt, kriegt man es geschenkt. Die größte Beleidigung besteht darin, jemandem die Fußsohlen zu zeigen.
- Koreaner schlafen mindestens zwei bis drei Jahre ihres Lebens im Stehen.
- Die Trommelfelle der Fidschi-Perlentaucher platzen schon so früh, daß sie problemlos tief tauchen können.

STORIES AUS NEW YORK

Schauermärchen aus der Stadt der Angst

Die häßliche Seite von America the Beautiful ist die Stadt New York, die als eine Art rund um die Uhr waches Hi-Tech-Babylon gezeichnet wird. Hier gibt es billigen Sex, aber auch zahlreiche Leichen – deswegen hat die Stadt bei den Sagenerzählern immer eine schlechte Presse. Uns ist eine besonders kuriose Auswahl paranoider Geschichten untergekommen, in denen sich der American Dream in einen Alptraum verwandelt ...

Alles klar am JFK

Als der Vetter meines Kumpels am New Yorker John-F.-Kennedy-Flughafen ankam, um nach London zurückzufliegen, stellte er überrascht fest, daß das ganze Gelände von Polizeiautos mit heulenden Sirenen und grellen Scheinwerfern wimmelte.

Es konnte sich nur um eine Bombendrohung handeln, denn erst kürzlich hatte der Ayatollah seine *Fatwa* gegen Salman Rushdie erlassen, der nun angeblich eine Lesereise durch die Staaten plante. Es zeigte sich, daß das ganze Durcheinander mit seiner Maschine zu tun hatte; sämtliche Flugpassagiere mußten eine eingehende Gepäckkontrolle über sich ergehen lassen.

Als die Leute vier Stunden lang angespannt gewartet hatten, wurde ihnen schließlich erlaubt, an Bord zu gehen. Als sie angeschnallt waren und die Motoren zum Start aufheulten, hörte man die beunruhigende Durchsage: »Guten Abend, meine Damen und Herren. Hier spricht der Kapitän. Wir bitten für die lange Verzögerung um Entschuldigung. Sie ist darauf zurückzuführen, daß die Polizei eine Bombe an Bord gefunden hat ...«

Der Nierenräuber

Ein Bekannter meines Freundes machte zum ersten Mal Urlaub in New York. Gespannt auf die Aussicht, sich die aufregenden Ecken der aufregendsten Stadt der Welt anzusehen, trug er sich im Hotel ein und ging auf Tour. Bald befand er sich in einer weniger gesunden Gegend, in Queens – in einer typischen New Yorker Bar, die für einen Saufabend mit mexikanischen Cocktails und dergleichen hergerichtet war. Nach ein paar Bierchen kam er mit einer attraktiven Karibikschönheit ins Gespräch. Sie war so aufgedreht und entgegenkommend, daß er sich ausmalte, den hübschen New Yorker Hasen schon am ersten Abend zu besteigen. Als sie ihn in ihre Wohnung einlud, war er natürlich voll dabei, auch wenn er schwer besoffen war und kaum noch stehen konnte.

Von da an bis zum nächsten Tag wußte er nichts mehr. Er erwachte allein in einem fremden Bett und spürte einen stechenden Schmerz in seinem Zwerchfell. Als er an sich hinuntersah, traf ihn fast der Schlag, denn er erblickte an seiner Seite eine frisch vernähte Wunde. Er raste zum nächsten Krankenhaus, wo man ihn sofort durchleuchtete – und er erstarrte, als man ihm mitteilte, irgend jemand hätte ihm chirurgisch eine Niere entfernt.

Es existieren medizinische Beweise, die diese Geschichte stützen, nachdem es zu einer Reihe von Fällen mit Menschen aus Entwicklungsländern gekommen ist, die kürzlich ihre Bereitschaft erklärt haben, Körperteile an westliche Ärzte zu verkaufen – speziell der weithin publizierte Fall eines Chirurgen aus Harley Street, der eine Bande anführte, die armen Türken Nieren abkaufte. Wir haben sogar von Indern gehört, die ihre Augen verkaufen, und von albanischen Leberspendern. Welch irre Welt . . .

»Mach dich platt, Lady!«

Freunde meiner Eltern, die in Amerika Urlaub machten, wollten eine kombinierte Flug-Auto-Reise machen und verbrachten ein paar Tage in New York. Sie waren in der Innenstadt gewesen, hatten sich eine Broadway-Revue angesehen und bei einem Italiener an der Lower East

Side gegessen. Da sie aus dem Fernsehen alle möglichen Peng-Krach-Wumm-Serien kannten, waren sie anfangs etwas nervös gewesen, im Big Apple zu sein, aber inzwischen fühlten sie sich schon wie zu Hause, und der Service war überall hervorragend.

Sie fuhren zum Hotel zurück, stellten den Wagen in der Tiefgarage ab und warteten auf den Lift zur Empfangshalle. Es war ziemlich dunkel und unheimlich, die Lampen flackerten, und das Wasser lief an den Wänden runter – so wie in den »Deep-Throat«-Szenen in *Die Unbestechlichen.*

Genau in diesem Moment kam ein riesiger Schwarzer mit einem Rottweiler aus der Finsternis. Der Lift kam, das Paar stieg ein. Doch kurz bevor sich die Tür schloß, tat die bullige Gestalt einen Satz nach vorn und sprang mit dem schrecklichen Köter hinein. Der Schwarze schrie sofort: »Mach dich platt, Lady!« Das vor Schreck erstarrte Ehepaar machte sich platt, warf ihm sein ganzes Geld zu und hechtete, als die Lifttür aufging, ins Freie.

Offenbar hatte der Zwischenfall nicht dazu beigetragen, ihnen Amerika sympathisch zu machen, denn am nächsten Tag gingen sie zur Rezeption und verlangten die Rechnung. Zu ihrer Überraschung wurde ihnen erklärt, ein Herr hätte sie schon bezahlt. Dann händigte man ihnen einen Umschlag aus.

Darin befand sich das Geld, daß sie dem »Räuber« zugeworfen hatten, und ein Zettel, auf dem stand: »Es tut mir wirklich leid, daß ich Sie gestern so in Angst versetzt habe. Ich hoffe, daß ich es so wiedergutmachen kann. ›Lady‹ ist übrigens der Name meines Hundes . . .«

In einigen uns bekannt gewordenen Varianten soll der mißverstandene Schwarze kein anderer als der Schauspieler Eddie Murphy gewesen sein – oder ein anderer afro-amerikanischer Prominenter wie Mike Tyson (mal ehrlich, wer hätte vor dem *keine Angst?). Manchmal soll er auch gesagt haben: »Auf die Knie, Schlampe!«*

Der Arschfick-Batman aus der Bronx

Ein Bekannter meines Freundes, der Robin heißt, verbrachte einen wohlverdienten Urlaub in New York. Er amüsierte sich prima in der Stadt, in der rund um die Uhr etwas los ist, und hatte sich alle Sehenswürdigkeiten angeschaut: das Empire State Building, den Times Square, den Broadway und natürlich die Freiheitsstatue. Doch nach einigen Tagen fühlte er sich einsam, und so beschloß er, durch die Pinten von Greenwich Village zu ziehen, um dort sein Glück zu versuchen.

Zwar gelang es ihm, in ein neues und hippes Nachtlokal eingelassen zu werden, aber als er drin war, kam er nicht besonders gut voran. Er kam mit keinem Mädchen ins Gespräch; was sich erst änderte, als sein Blick auf eine sagenhaft attraktive ältere Frau fiel. Sie kam zu ihm hinüber, und sie unterhielten sich.

Robin konnte sein Glück kaum fassen: Er redete mit einer schönen, intelligenten, witzigen und echten New Yorkerin, die Engländer unwiderstehlich fand. Ein paar Gläser später küßten sie sich. Was für ein Kuß! Dann schlug sie vor, in ihre Wohnung zu gehen, um einander besser kennenzulernen. Sie brauchte ihn nicht zweimal zu fragen.

Sie nahmen ein Taxi und rauschten ab. Sie war so geil, daß sie nicht von ihm abließ. Er konnte es kaum erwarten.

Als sie in ihrem Penthaus waren, fiel sie ihn an, kaum daß sie durch die Tür waren. Dann hauchte sie ihm ins Öhrchen, ob er Lust auf etwas Abseitiges hätte. Robin nickte in wilder Lust. Sie schälte sich aus den Kleidern, zog ihn pudelnackt aus und führte ihn ins Schlafzimmer, wo sie ihn bäuchlings und mit gespreizten Beinen an allen vieren am Bett festband.

Dann stürzte ihr männlicher Komplize – als Batman verkleidet – aus dem Wandschrank und vergewaltigte ihn von hinten.

UNTER DEM MESSER

Die wunderbare Welt der Medizin

Die folgenden erschröcklichen Erzählungen spielen nicht nur mit unserer tiefverwurzelten Furcht, daß wir ohne Gesundheit ein Nichts sind, sondern auch mit unserem heimlichen Glauben an Ammenmärchen und unserem zunehmenden Mißtrauen vor Quacksalbern, die angeblich selbst dann noch ihr Bestes geben, wenn wir schon am Krepieren sind. Diese bösartigen Krankenblätter säbeln bis auf den Knochen der Krankenhauspraxis, in der als einzig wirkliches Opfer die Wahrheit auf der Strecke bleibt. Wenn Lachen die beste Medizin ist, müssen diese Großstadt-Sagen das beste Rezept sein – wenn auch nur für Menschen mit abseitigem Humor. Denn jeder technische Durchbruch auf medizinischem Gebiet erzeugt einen Skeptiker von ätzendem Geist, der bereit ist, eine neue morbid-beunruhigende Lügengeschichte zu erfinden. Am Ende kriegen die Beutelschneider einen doch sowieso ...

Es grünt so grün

Ein kleiner Schmutzfink, den wir vage aus der Schule kannten, saß eines Abends am Tisch und verzehrte sein Abendbrot, als seine Mutter – wie üblich – bemerkte, daß seine Nase lief. »Putz dir gefälligst die Nase«, blökte sie, »und zwar mit einem Taschentuch!«

»Aber sie läuft doch gar nicht, Mammi«, erwiderte er.

Also rief die Mutter ihn zu sich und nahm ihr eigenes Taschentuch. Doch als er auf ihrem Schoß saß, sah sie zu ihrem Grauen, daß in Wirklichkeit ein kleines grünes Blatt aus seinem Nasenloch hing. Sie zupfte leicht daran und riß eindeutig das Ende einer Tomatenpflanze heraus. Der Junge hatte vor ein paar Monaten beim Essen einer Tomate niesen müssen – dabei schien sich ein Samenkorn in seiner Nase festgesetzt zu haben.

Der Junge wurde ins Krankenhaus gebracht, wo die Ärzte ihn auf der Stelle untersuchten und operierten. »Da haben wir aber noch mal Schwein gehabt«, sagte ein Arzt zu der Mutter. »In ein paar Wochen hätte das Ding sein Gehirn durchbohrt.«

Die Tomatenpflanzen-Sage hat mit vielen Geschichten dieses Abschnitts gemeinsam, daß die Schundblätter sie in der sogenannten Saurengurkenzeit Jahr für Jahr neu aufgreifen. Als medizinisches Phänomen weist sie gerade soviel Horror, Irrsinn und Glaubwürdigkeit auf, um Auflage zu machen. Achten Sie auf diese Geschichtchen in der Presse: Sie sind in der Regel ungefähr fünf Zeilen lang, nennen keine Namen, machen nur vage geographische Angaben (sie spielen oft in der Dritten Welt) und haben keinen Verfasser. Gelangweilte Redaktionsfuzzis, die Platz füllen müssen, lieben sie.

Ein Knecht von echtem Schrot und Korn

Einer meiner Freunde hat mir von einem Typen in seinem Dorf erzählt – einem Knecht, der bekannter für seine Muskeln als für seine geistige Beweglichkeit war. Der Typ hat irgendwann im September mit einem Mähdrescher auf dem Feld gearbeitet. Dann stieg er aus und fummelte aus irgendeinem Grund an dem Fahrzeug herum, als es noch lief – wohl um eine Blockierung zu beseitigen. Jedenfalls kam er zu nahe an die blitzenden Messer heran, und ihm wurde der linke Arm abgehackt.

Von Schmerzen geplagt, doch unverzagt, schob er das abgetrennte Glied in seine rauhe Arbeitsjacke, fuhr einhändig weiter, machte das Feld schnell fertig, legte mit dem Mähdrescher die ganze Strecke zum nächsten Krankenhaus zurück, stellte ihn auf dem Parkplatz des Klinikchefs ab und verlangte, daß man ihm den Arm wieder annähte.

Wiederbelebung

Als ich noch ein kleiner Junge war, arbeitete die Mutter meines Kumpels als Krankenschwester. Sie sagt, daß sie in dieser Zeit in ihrem Krankenhaus in Kent einige unglaubliche Dinge gesehen hätte. Einmal, als sie ein paar Bettpfannen zum Leeren wegbrachte, nahm sie eine Abkürzung durch die Leichenhalle. Als sie eintrat, sah sie, daß auf einer Bahre eine frische, unbeaufsichtigte Leiche lag.

Sie hatte den Raum gerade halb durchquert, als der Tote sich aufrecht hinsetzte, laut «*Bah!*« schrie und dann wieder umfiel.

Als beinharter Profi erklärte sie dieses haarsträubende Erlebnis mit den aufgestauten inneren Gasen, die durch die Verwesung freigesetzt worden waren, aber für uns leicht zu beeindruckende Kinder stand fest, daß es etwas weitaus Unheilvolleres gewesen sein mußte.

Hilfe, der Doktor kommt!

Ein befreundeter Arzt hat mir von einem Chirurgen auf der Harley Street erzählt, der ein ziemlicher Witzbold ist: Er trägt eine Fliege, die man in Rotation versetzen kann, und er führt sich genauso auf wie Leslie Philips in den *Ist-ja-irre*-Filmen. Na ja, am meisten gefällt es ihm, wenn er junge Ärzte und Schwestern in Operationsverfahren einweisen kann. Besonders bei Operationen am offenen Herzen sorgt er dafür, daß die Debütanten dicht bei ihm stehen. Dann durchtrennt er die Hauptschlagader eines Patienten und spritzt seinen Assistenten einen warmen Schwall ihres Blutes mitten ins Gesicht.

Sie wußte nicht mal, daß sie schwanger war

In der Mädchenschule, die nicht weit von unserer entfernt ist, gab es in der vierten Klasse ein kräftiges Mädchen, das sich eines Tages sehr unwohl fühlte. Sie ging zur Toilette – und hatte ein paar Minuten später einen strammen Jungen zur Welt gebracht. Und sie hatte nicht mal gewußt, daß sie schwanger gewesen war ...

Knallrot vor Verlegenheit

In Wigan lebte eine korpulente alte Frau, die ihr Klo draußen hatte. Eines Tages ging sie in den Garten, um es zu benutzen, und ließ sich müde auf den Sitz fallen. Die Wucht ihres Niedergangs erzeugte ein Vakuum zwischen ihrem Hintern und der Kloschüssel, und sie steckte stundenlang fest. Schließlich rief man die Feuerwehr, die das sie umgebende Ziegelsteinhäuschen abriß und sie – noch immer breitbeinig auf der Latrine sitzend – durchs Haus in den wartenden Rettungswagen trug, vorbei an neugierig glotzenden Nachbarn.

[Siehe »Der Weg nach unten« in **Freunde und Verwandte.***]*

Das Mißverständnis

Ein Optiker, mit dem ich befreundet bin, kennt eine hübsche Geschichte, die vor ein paar Jahren die Runde machte. Darin geht es um zwei Brüder, die zu einem Optiker kommen. Der ältere Junge hat die Untersuchung schon hinter sich und kommt, um seine Brille abzuholen. Der Jüngere, der getestet werden soll, ist echt sauer, weil er eine Brille tragen soll. Als der Ältere ins Wartezimmer zurückkommt, ändert der Kleinere seine Meinung, weil ihm die Brille gut gefällt.

Doch als der Junge auf dem Stuhl Platz nimmt und der »spaßige« Optiker ihm eine Cornflakes-Packung mit einem ausgeschnittenen Loch über den Kopf stülpt, um seine relative Sehtärke zu messen, bricht er in Tränen aus. Der Optiker hört sofort auf und fragt den heulenden Jungen, was denn los sei. Da schluchzt er: »Ich will aber so eine wie mein Bruder!«

Ein unverhofftes Wiedersehen

Von meinem Kumpel, der an der Universität Newcastle Medizin studiert hat, kenne ich eine Geschichte über eine Studentin, die bei einer Sektion anwesend war.

Leichen, die der »Wissenschaft« überlassen werden, bringt man immer weit von ihrem Wohnort weg, doch als die Tücher fortgezogen wurden, um die frische Leiche – der man teilweise die Haut abgezogen hatte – auf der Bahre zu enthüllen, fiel eine junge Studentin in Ohnmacht. Nachdem man sie wiederbelebt hatte, sagte sie aus, der Tote sei ihr früherer Verlobter, der ein paar Wochen zuvor bei einem schrecklichen Motorradunfall in Wales umgekommen war.

Das Haarnest

In dem Ort, in dem meine Mutter geboren wurde, gab es ein Mädchen, das sich, wie es in den fünfziger Jahren Mode war, eine Bienenkorbfrisur zulegte. Allerdings war die Kleine in körperhygienischer Hinsicht ein rechtes Ferkel, und als die Frisur schmutzig wurde und zusammensackte, bemerkten ihre Schulfreundinnen kleine Bewegungen in ihrem Haar und hörten komische, klickende Geräusche.

Zuerst glaubten die Kinder, sie hätte Läuse, denn die waren damals noch weit verbreitet, doch als die Untersuchung durch den Schularzt anstand, entdeckte dessen Assistentin, daß sich in ihren schicken Locken eine Kakerlakensippe heimisch gemacht hatte. Später war zu hören, die Heimsuchung hätte in Wirklichkeit aus Käfern bestanden, die schon im Begriff gewesen waren, sich durch das Ohr des Mädchens zu bohren und an seinem Gehirn zu nagen . . .

So bizarr diese weitverbreitete und kaum glaubliche Story auch sein mag – wir haben eine auf Lager, die sich mit ihr messen kann: Mein Freund ist von der Manie besessen, nach jedem Haarschnitt alle abgeschnittenen Härchen von seinem Hals zu entfernen, da sie, wie er sagt, Wurzeln schlagen, wenn sie auf der Haut liegen bleiben. Und dann endet man wie der Schneemensch. Elton John und Wolfgang Menge sollten sich dies zu Herzen nehmen . . .

Der Blick von hinten

Ein Kumpel meines Onkels hatte ein blaues Glasauge, das echt stechend blickte. Früher hat er allerlei unterhaltsame Partyscherze damit getrieben, aber damit ist es nun aus – aus einem Grund, der gleich verständlich wird. Er hatte das Auge immer aus der Höhle geholt, es in den Mund genommen und die Leute geschockt, indem er die Lippen öffnete, was sie aus der Fassung brachte.

Doch einmal, als er seinen Trick gerade in einer Kneipe vorführte, mußte er so lachen, daß ihm das Glasauge in die Kehle rutschte, und er es verschluckte. Als er einen Arzt zu Rate zog, bekam er zu hören, die Sache erledige sich von allein. Einige Tage später sah sich der gleiche Arzt dem Anblick des blauen Auges ausgesetzt, das im schmerzenden Darm des Scherzboldes steckte und ihn durchdringend musterte.

Der Beinabtreter

Zwei Fußball-Fans aus Birmingham fuhren in den frühen siebziger Jahren zu einem Auswärtsspiel in den Süden, um sich ihre Mannschaft Tottenham in London bei einem Spiel gegen Arsenal anzusehen. Wie allgemein bekannt, sind Fans gegnerischer Mannschaften nicht sonderlich gut aufeinander zu sprechen. In den siebziger Jahren war dies besonders der Fall, und unerfreuliche Zusammenstöße waren an der Tagesordnung. Da es nur wenige Tottenham-Fans aus Birmingham gibt, kamen die beiden Burschen ohne Polizeieskorte in einem normalen Eisenbahnzug in der Stadt an und trugen ihre Vereinsfarben voller Stolz.

Da sie mit der U-Bahn zum Stadion fahren wollten, mußten sie in King's Cross umsteigen. Also bahnten sie sich einen Weg durch das Labyrinth zur Piccadilly Line. Auf dem U-Bahnhof war alles ruhig, bis die Jungs in den Gängen hinter sich lauten Gesang hörten. Anfangs konnten sie nicht erkennen, ob es Tottenham-, Arsenal-Fans oder andere waren, aber das Gegröle klang aggressiv und kam näher.

Dann stürmte eine rüpelhafte Bande von Arsenal-Skinheads um die Ecke. Die Jungs wollten abhauen, bevor es Ärger gab, aber einer der beiden hinkte und konnte mit dem anderen nicht Schritt halten.

Sie wurden geschnappt, zu Boden geworfen, getreten und geschlagen. Der hinkende Junge bekam gerade eine besonders heftige Abreibung, als ziemlich unerwartet seine Beinprothese aus seinem Hosenbein schoß und über den Boden schepperte. Einer der Skinheads schrie: »Herrgott, du hast ihm das Scheiß-Bein abgetreten!« Und die ganze Meute floh, von Grauen geschüttelt, durch die Gänge.

Die Zahnfee[1]

Eine ältere Dame, die in unserer Nähe wohnte, war vor dem Krieg als kleines Mädchen auf einem Ohr taub geworden. Sie hatte aber nie ein Hörgerät getragen und sich einfach damit abgefunden, daß sie nicht alles mitbekam. Als sie ins Krankenhaus ging, um sich wegen anderer Beschwerden untersuchen zu lassen, enthüllte eine Röntgenaufnahme die Ursache ihrer Taubheit: Tief in ihrem Ohr steckte ein kleiner Milchzahn. Und sie hatte sich immer gefragt, wieso sie nie mit Geld beschenkt worden war, nachdem sie ihn für die Zahnfee unters Kopfkissen gelegt hatte ...

Der Backenzahn-Sender

Eine alte Frau aus Lancaster ging zum Arzt und klagte über ein leises Klingeln in den Ohren, das sie nicht nur am Schlafen hinderte, sondern ihr auch ganz allgemein auf den Wecker ging. Der Arzt dachte zuerst, sie litte an Tinnitus – dem »weißen Rauschen« im Inneren des

1 Zahnfee: Im englischen Sprachraum verbreitetes Fabelwesen, das Kinder, die ihre ausgefallenen Zähne unters Kopfkissen legen, mit Geldgeschenken belohnt

Ohrs. Doch als er die Frau eingehender untersuchte, hörte er das Phänomen selbst: Es kam aus ihren Mund. Schließlich entdeckte er, daß eine ihrer neuen Plomben wie ein Mittelwellenempfänger funktionierte. Und was noch schlimmer war: Er empfing einen Rock-Sender . . .

Dem Vernehmen nach können die Zahnfüllungen von heute sogar Teletext empfangen. Na, das ist doch mal was!

Peinliche Lage

Die Freundin der Tante meines Arbeitskollegen mußte ins Krankenhaus, um sich in einer gynäkologischen Angelegenheit eingehend untersuchen zu lassen, und das versetzte sie natürlich gehörig in Aufregung. Als sie im Wartezimmer saß, kriegte sie das große Zittern, und da ihr die Aufregung auf den Darm schlug, mußte sie dringend auf die Toilette. Also machte sie sich auf die Suche nach einer Bedürfnisanstalt, die sich zum Glück ganz in der Nähe befand. Als sie fertig war, griff sie nach dem Papier, doch sie mußte feststellen, daß die Rolle, dem Krankenkassensparprogramm gemäß, zu Ende war. Sie öffnete ihre Handtasche, suchte darin herum, schob ein paar Briefmarken auf die Seite, nahm verzweifelt ein Papiertaschentuch und verwendete dies.

Als sie zurückkam, wurde ihr Name gerade aufgerufen. Kurz darauf war sie von wißbegierigen Medizinstudenten und einem brummigen alten Facharzt umgeben, der sie aufforderte, die Beine weit zu spreizen. Obwohl es ihr ungeheuer peinlich war, folgte sie seinem Wunsch. Die Studenten glotzten und brachen in schallendes Gelächter aus, so daß der Facharzt einen der grölenden Jungmänner anfuhr: »Was soll das? Haben Sie so was noch nie gesehen?«

»Doch«, stotterte der Student, »aber noch nie mit 'ner Briefmarke drauf.«

Zwei Schwanzwedler

Der Freund meines Onkels hat einen Hund, eine echt bekloppte Promenadenmischung; ein Vieh mit Ahnen aus siebenundfünfzig verschiedenen Rassen. Er ist zwar nicht gefährlich, aber er hat sie nicht alle. Er hat einen typischen Mischlingsköterschwanz, der ständig in Bewegung ist und alle möglichen Sachen umschmeißt.

Na ja, eines Tages, als Herrchen ihm gerade das Futter aus der Büchse kratzte, sprang der Hund in der Küche rum. Unglücklicherweise erwischte das aufgedrehte Biest die Tischdecke und warf das beste Familiengeschirr auf den Fliesenboden, so daß es in Scherben zerbrach.

Da wurde der Typ so wütend, daß er dem Köter einen Tritt versetzte. Doch er verfehlte ihn, rutschte aus und fiel auf den Arsch. Er knallte schwer hin, genau auf den kleinen Dreiecksknochen am Ende der Wirbelsäule. Da er tagelang schreckliche Schmerzen hatte und sein Steiß auch eine Woche später noch pulsierte, ging er zum Arzt.

Der Knochenflicker schnallte ab. Der Aufprall hatte in dem Mann irgendein vorzeitliches Wachstumshormon freigesetzt, und sein Steißknochen veränderte sich zu dem, was er in vorsintflutlichen Zeiten gewesen war – ein Greifschwanz. Der wunderliche Rückfall der Natur entwickelte sich irgendwann zu einem plumpen, schwanzähnlichen Gebilde. Der Typ konnte echt damit wedeln und so . . .

Auf der Rutschbahn

Nach dem Ende der Schule wurde ein Freund meiner Freundin das, was er schon immer hatte werden wollen: Pathologe bei der Polizei.

Eines Tages wurde er, da sein fachmännisches Urteil gefragt war, von den Bullen an den Ort eines nicht ganz geklärten Unfalls gerufen. In seinem besten Arztanzug aus Tweed, darüber den weißen Kittel, einen bunten Füller in der obersten Tasche, schritt er, seine kleine schwarze Zaubertasche an der Hand, den Kiesweg hinauf.

Das heruntergekommene alte Haus wirkte völlig ausgeräumt, so daß seine festen Schritte durch das leere Gebäude hallten. Er ging ins Wohnzimmer und gesellte sich zu den Kripobeamten, die den Fall bearbeiteten.

Sie standen neben einer ausgemergelten Leiche, die offenbar schon geraume Zeit dort lag, denn das gesamte Fett war aus ihr herausgelaufen und bildete auf dem Linoleum eine zolldicke Lache. Die Jungs von der Kripo waren verständlicherweise nicht wild darauf, die Leiche anzufassen, doch der Pathologe mußte Proben entnehmen und konnte sie nicht allein umdrehen.

Sie faßten den Toten mit medizinischen Gummihandschuhen an und hoben ihn vorsichtig hoch. Doch das menschliche Schmalz erwies sich als äußerst glitschig: Die Männer rutschten allesamt aus, klatschten in das geronnene Fett und flutschten ein paar Minuten lang darin herum. Die Szene wäre was für die *Keystone Kops*[1] gewesen.

Ein Blick aus nächster Nähe

Ein Typ wurde gerade an seiner abgelösten Netzhaut operiert, als dem Narkosearzt das Betäubungsmittel ausging und der Patient das Bewußtsein wiedererlangte. Mit dem einen Auge sah er völlig normal – doch mit dem anderen, das auf seiner Wange lag, blickte er genau auf die blitzende Klinge eines Skalpells.

Könnte vorkommen . . .

---

1 Keystone Kops: Amerikanische Komikertruppe, ab 1912 von der Produktionsgesellschaft Keystone Co. in zahlreichen Slapstick-Kurzfilmen eingesetzt. Zum typischen Keystone Kop-Konzept gehören die rasante Verfolgungsjagd und das Werfen von Sahnetorten.

Hohlraumfüllung

Eine Freundin meiner Schwägerin ging zum Zahnarzt, um sich einen Zahn ziehen zu lassen. Der Typ war ein hoffnungsloser Stümper, er säbelte und bohrte etwa zwanzig Minuten lang an ihr herum. Dann gab er auf und sagte: »Ich fürchte, ich kann Ihnen nicht helfen. Sie müssen in eine Zahnklinik. Es gibt eine, die nur ein paar Kilometer entfernt ist.«

Also stieg die arme Frau halb betäubt in einen Bus und fuhr quer durch die Stadt zur Zahnklinik. Der Kieferchirurg warf einen Blick in ihren Mund und operierte sie auf der Stelle.

Hinterher sagte er zu der Frau: »Der Zahnarzt hat Ihren halben Oberkiefer weggeschnitten. Niesen sie von jetzt an nie wieder mit geschlossenem Mund – der Knochen ist so dünn, daß Sie sonst vom Mund aus ein Loch in Ihre Nebenhöhlen sprengen.«

Diese Geschichte ist bestimmt *wahr.*

NICHT TOTZUKRIEGENDE WEISHEITEN
Medizin

- Es gibt ein Mittel gegen Haarausfall.
- Krankenschwestern lachen nie über den Zustand eines Patienten.
- Ärzte besprechen anstehende Fälle nie mit ihrer Familie.
- Injektionen aus Thymusextrakt erhalten einen jung.
- Heutzutage kann man alles wieder annähen.
- Alle Ärzte haben eine leichte Fahne – weil sie jede neue Medizin kosten müssen.
- Ärzte leben am ungesündesten.
- Kopf kalt, Füße warm, macht den reichsten Doktor arm.
- Ärzte haben die schlechteste Handschrift der Welt.
- Ärzte pieken oft daneben, wenn sie eine Spitze setzen; dann treffen sie das Kissen oder sich selbst.
- Es gibt mehr alte Säufer als alte Ärzte.

SCHWEINKRAM

Tücken, die im Sexus lauern

Vögel treiben es, Bienen treiben es, sogar gebildete Flöhe treiben es – aber trieben sie es so, wie unten dokumentiert, würde man sie einsperren und den Schlüssel wegwerfen. Das folgende ist ein krankhaftes Übermaß an Hohlheit, tiefschürfenden Anzüglichkeiten und Menschen, die man als zotig brandmarken und nicht zu Wort kommen lassen sollte: Außen hui, innen pfui. Doch gibt es etwas Schöneres, als mit anzusehen, wie der Rechtschaffene eins auf die Mütze kriegt? Dieses Kapitel, das nichts offen läßt, bestätigt die Regel, daß der Affe, je höher er klettert, um so mehr enthüllt. Was die elterliche Führung anbetrifft, so raten wir Ihnen, Ihre Eltern nicht mal in die Nähe dieses Kapitels kommen zu lassen: Es übersteigt das Verständnis der Zensoren und ist nichts für Hasenfüße, Empfindliche oder sexuelle Abenteurer (die gern welche bleiben wollen)...

Bizarrer K.O.

Ein stilles Ehepaar aus Nottingham, mit dem einer meiner Arbeitskollegen befreundet war, wollte seinem in Langeweile erstarrten Sexualleben etwas Pfeffer verleihen. Deswegen suchte der Mann verlegen einen Sexshop in der Stadt auf und kam mit einer echt scharfen Sadomaso-Ausrüstung zurück.

Die beiden konnten es kaum erwarten, sie auszuprobieren, und in weniger als einer Stunde hatten sie sich ausstaffiert. Die Ehefrau streckte alle viere aus und wurde ans Bett gefesselt; der Ehemann kletterte aus irgendeinem Grund auf den Schlafzimmerschrank, um sich als »Raubkatze« auf sie zu stürzen.

Als alles fertig war, machte er einen Satz – doch er knallte mit dem

Kopf gegen das Bettgestell und war mehrere Stunden lang besinnungslos. So mußte seine unglückliche, noch immer voll aufgetakelte und ans Bett gefesselte Frau die Nachbarn alarmieren, die die Wohnungstür einschlugen und sie befreiten. In der Sackgasse, in der sie wohnten, nahm das Getratsche kein Ende mehr . . .

Der Scheidenkrampf

In den späten siebziger Jahren trieben es zwei junge Leute gerade auf dem Rücksitz eines Mini (ja, es ist möglich), als sie ihn aufgrund eines plötzlich eintretenden Muskelkrampfes fest einklemmte. Glücklicherweise konnte sie an ihrem Partner vorbeigreifen, um die Hupe zu betätigen und Hilfe zu rufen. Kurz darauf benachrichtigte jemand die Feuerwehr, doch so sehr die Männer sich auch bemühten (und schieflachten) – sie konnten das wollüstige Pärchen nicht voneinander trennen.

Schließlich gab es nur noch die Möglichkeit, das Verdeck des Wagens mit einem Schneidbrenner zu öffnen und die beiden Verklemmten herauszuheben. Die Frau heulte Rotz und Wasser, und ein Feuerwehrmann wollte sie trösten, indem er erklärte, an ihrer mißlichen Lage sei nichts peinlich: »Sowas sehen wir doch jeden Tag.«

»Ich weiß«, erwiderte die Frau, »aber was wird mein Mann sagen, wenn er das Auto sieht . . .«

Stuntcocks gesucht

Wie ich von einem nigerianischen Freund gehört habe, gab vor nicht allzulanger Zeit ein Filmregisseur in einer Zeitung in Lagos eine Anzeige auf, in der er männliche Schauspieler für einen Pornofilm suchte, den er vorbereitete.

In der Anzeige stand, man suche nur Männer mit großen Proportionen, »solche, die weniger als zwanzig Zentimeter aufweisen«, brauchten sich gar nicht erst zu melden. Schließlich kreuzten fast dreihundert hoffnungsvolle Talente zum Vorvögeln auf.

Als sie antanzten, erblickten sie ein Schild an der Tür, auf dem stand, die Anzeige habe zu erklären vergessen, daß die zwanzig Zentimeter sich auf den Umfang bezögen, nicht auf die Länge. Im Endeffekt wurden nur vierundzwanzig der dreihundert aufgrund des Umfangs (!) abgelehnt.

Ein schlechtes Bild

In unserer Firma kennt einer einen ziemlich stillen Typen, der sich eines Tages im Büro verstohlen erkundigte, ob jemand Pornovideos hätte, die er sich mal ausleihen könnte, denn er war an zwei Rekorder rangekommen und wollte sich Kopien ziehen. Jemand lieh ihm einen Film, und er nahm ihn mit nach Hause. Da er aber nicht genau wußte, wie es mit dem Kopieren so vor sich geht, baute er schließlich auf seine sonstigen Kenntnisse: Er stellte seine Videokamera auf ein Stativ, richtete es auf den Bildschirm und filmte den Streifen von der Glotze ab. Als er die Kassette zurückgab, erzählte er dem Burschen, von dem er sie ausgeliehen hatte, von seinem Problem. Als der andere Typ nach Hause kam, schaute er gleich nach, ob seine Kassette in Ordnung war. Er war leicht pikiert, als er feststellte, daß der andere Typ ihm statt des Originals die Kopie zurückgegeben hatte – aber sein Ärger verwandelte sich kurz darauf in Heiterkeit.

Da der Fernsehschirm das Zimmer reflektierte, zeigte die Kopie eine jämmerlich schlechte Aufnahme, doch als er näher hinschaute, sah er in der Reflektion das schwache Abbild seines Kollegen, der vor der Glotze kniete und sich einen runterholte.

Hühnerklein

Ein Vater war dafür bekannt, daß er abends immer lange aufblieb und vollgesoffen vor der Glotze einschlief. Dies wirkte sich so aus, daß seine Kinder allerlei Ulk mit ihm trieben, wenn er eingeschlafen war.

Eines Abends nahmen sie den Hals des Huhns, das es zum Essen gegeben hatte, schoben es ihrem betrunkenen Vater in den Hosenschlitz und ließen ihn heraushängen. Am nächsten Morgen kriegte die Mutter fast einen Herzschlag, als sie sah, daß die Katze an etwas nagte, das sie versehentlich für einen Gegenstand intimerer Natur hielt.

Wie du mir, so ich dir

Mein Freund aus Accrington fuhr mit Bekannten im Urlaub nach Thailand, um sich dort sexuell auszutoben. Am ersten Abend ging er in eine Abschleppkneipe und haute sich ein paar thailändische Cocktails rein. Im Verlauf des Abends wurde er von einer unheimlich schönen Prostituierten angemacht, und nach einigen Sekunden des Nachdenkens kam ihm die Idee, mit ihr ins Bett zu gehen.

Kurz darauf wurde er in eine kleine, spärlich möblierte Wohnung an der nächsten Ecke geführt. Dort angekommen, zog sich die Prostituierte auf verführerische Weise aus, enthüllte kecke kleine Brüste und – eindeutig männliche Genitalien. Der Typ machte erschreckt einen Satz zurück und stammelte: »Was soll ich denn damit anfangen?!«

»Du geben mir Schwanz, ich geben dir Schwanz!« lautete die ernste Antwort.

Vorsicht, Epileptiker!

Bei epileptischen Anfällen besteht das größte Problem darin, daß sich die Zähne des Kranken während der Anfalldauer fest aufeinanderpressen. Deswegen beißen sich Epileptiker leider oft die Zunge ab.

Na ja, ich weiß von einem Pärchen, daß eines Abends in seinem Wagen auf einem Waldweg zugange war. Da die Karre aufgrund ihrer Abmessungen nur für orale Entspannung taugte, machten sie einen 68er (»Du bläst mir einen, und ich bleibe dir einen schuldig«). Zuerst nahm sich die Frau des Mannes an. Tragischerweise bekam sie mittendrin einen epileptischen Anfall, so daß ihre Kiefer schauderhaft aufeinanderkrachten. In seinem Schmerz versuchte der Typ, sich aus dem schraubstockartigen Griff zu lösen, wobei er ihrem Gesicht unabsichtlich ein paar üble Schrammen zufügte. Schließlich flaute der Anfall ab, und sie fuhren unter Schmerzen ins Krankenhaus, wo sie den schmierig grinsenden Schwestern mehrere peinliche Fragen über die Verletzungen beantworten mußten, die sie sich zugezogen hatten.

Zuerst die Titten

Als ich noch Diskjockey im Walkers Club in Newcastle war, habe ich von einem Stammgast eine Geschichte über ein schottisches Mädel gehört, das er kennengelernt hatte.

Beim Tanzen in einem Club laberte er mit einer echten, doch ziemlich eingebildeten Schönheit. Er gab ihr einen aus, und sie amüsierten sich miteinander. Kurz darauf fragte sie leise an, ob er mit zu ihr nach Hause gehen wollte, und er sagte zu.

Als sie auf dem Sofa saßen, wanderte die Hand des Burschen langsam an den Schenkeln des Mädchens hoch. Doch plötzlich stieß sie ihn zurück, gab ihm eine Ohrfeige und schrie empört: »Was ’n das für’n Benehmen? Zuerst die Titten!«

Künstler-Marotten

Es gibt einen ziemlich bekannten New Yorker Musiker, der offenbar eine komische Marotte hat. Eine Bekannte meines Freundes in Manhattan hat ihn bei einer Galerie-Eröffnung im schicken SoHo (was wohl South of Houston heißt) kennengelernt. Da er echtes Interesse an ihr zeigte, fühlte sie sich erregt und geschmeichelt.

Sie gingen in sein Dachstudio, wo sie sich stundenlang bis in den frühen Morgen unterhielten. Und dann – es war wie ein Traum für sie – liebten sie sich langsam und zärtlich, bis sie einschliefen.

Doch am Morgen wachte die Frau mit einem Riesenschreck auf. Als sie hochschaute, sah sie, daß der berühmte Mann auf allen vieren über ihrem Gesicht hockte und seinen Hintern auf eine zärtliche Behandlung für sie vorbereitete . . .

Thrombose im dritten Bein

Meine Freundin ging mit einem Spanier, der so geil war, daß er alles nagelte, was nicht schnell genug auf die Bäume kam. Er war unersättlich. Manchmal ging er mit drei oder vier Frauen gleichzeitig, aber auch das konnte ihn nicht befriedigen.

Schließlich beschloß er, bei seiner Traumfrau zu bleiben, und heiratete. Obwohl sie es in der ersten Woche der Ehe wie die Karnickel trieben, wachte die Frau eines Nachts auf und sah, daß ihr Mann im Schlaf masturbierte. Doch zehn Tage später hatte die Libido sein Glied fertiggemacht, und er marschierte mit entsetzlichen Schmerzen zum Arzt.

Der Arzt untersuchte ihn und erklärte, er hätte so etwas noch nie gesehen: »Sie haben eine Penis-Thrombose, Señor.«

Der Mann, der Stiefel liebte

Zu den Dingen, die die Feuerwehr in den Wahnsinn treiben, gehören die Irren, die ständig anrufen, obwohl es gar nicht brennt. Ich weiß von einem Freund, der bei der Feuerwache in Holloway, London, arbeitet, daß es einen Schwachkopf gibt, der alle naselang die 112 wählt, weil er weiß, daß die Feuerwehr gesetzlich verpflichtet ist, sein Haus zu überprüfen, auch wenn gar nichts vorliegt. Wenn die Feuerwehr anrückt, steht seine Haustür immer offen. Die Männer jagen die Holztreppe hinauf, und dann sehen sie jedesmal den Typen: Er hängt auf einem Treppenabsatz an Lederriemen, die um seinen Brustkorb befestigt sind, von der Decke herunter und fummelt an seinem Piephahn. Offenbar geht ihm einer flöten, wenn die schweren Stiefel der Feuerwehrmänner das wacklige Treppenhaus in Vibrationen versetzen.

Was uns aber nicht erklärt, wie er ans Telefon herankommt.

Schürzenjagd auf dem Fotokopierer

Ein Liebespaar, das in einem Büro in Leicester arbeitete, hielt seine unerlaubte Beziehung aus Angst vor der Entlassung vor den Kollegen geheim. Das heißt, bis zu dem Abend, an dem sie sich, nachdem die anderen Feierabend gemacht hatten, in einen sexuellen Rausch hineinsteigerten. Sie wälzten sich über die Schreibtische, über den Boden und trieben es schließlich gedankenlos auf dem Fotokopierer. Man stelle sich ihre roten Gesichter vor, als sie am nächsten Morgen mit Dutzenden von Faksimiles ihrer Geschlechtsteile konfrontiert wurden, die überall im Büro hingen . . .

Rache ist süß

Der Mann einer Kollegin meiner Frau hat mir von einem Freund aus seiner Heimatstadt Norwich erzählt, der mit seinen Kumpanen in eine Disco gegangen war. Bevor sie Aschenputtels Nachtlokal nach dem örtlichen Talent absuchten, hatten sie sich kräftig Mut angesoffen. Nach und nach, so lief es immer in dem Laden, schleppte jeder ein

Mädchen ab – nur ein Typ nicht. Er flirtete den ganzen Abend bloß mit seinem Bier.

Gegen Feierabend war es dann auch ihm gelungen, eine abzuschießen, und er nahm sie mit in seine Bude. Sie zogen sich aus und gingen ins Bett, aber er war fix und fertig und hatte Mühe, ein Lächeln zustande- und einen hochzukriegen. Nach mehreren Vorspielminuten drehte sich alles um ihn, dann göbelte er furchtbarerweise auch noch über die Frau und fiel neben ihr in Ohnmacht. Als er wieder zu sich kam, hatte er irrsinnige Kopfschmerzen, und auf seinem Brustkorb lag ein kleiner Scheißhaufen. Die Frau, die ihn dort hinterlassen hatte, war freilich spurlos verschwunden.

Die nächsten Geschichten gehören eigentlich ins Kapitel **Unter dem Messer,** *aber dafür sind wir viel zu verdorben . . .*

Das tückische Gebläse

Mein Freund, dessen Freund im Rochedale-Krankenhaus am Notaufnahmeschalter arbeitete, hat mir ein paar Geschichten über Patienten erzählt, die mit besonderen Beschwerden eingeliefert wurden.

Eines Tages – er arbeitete gerade im Verbrennungsraum im rückwärtigen Teil des Krankenhauses und verbrannte alte Verbände und dergleichen – fuhr am Lieferanteneingang ein Rettungswagen vor. Die Tür ging auf, dann stieg ein besorgt aussehender Mann aus, der nur mit einem langen Regenmantel bekleidet war. Er trug einen Staubsauger mit sich herum und bewegte sich äußerst vorsichtig. Das saugende Ende des Apparats, das offensichtlich an irgend etwas befestigt war, lugte in Hüfthöhe unter seinem Mantel hervor.

Der Fallsüchtige

Ein anderes Mal wurde der Typ in später Nacht auf einen Tumult aufmerksam, den ein Krankenschwesternrudel erzeugte. Einige Schwestern verdünnisierten sich mit der Hand vor dem Mund, um ihr Lachen zu dämpfen, andere standen um einen entsetzt wirkenden Typen herum, der bäuchlings auf einer Trage unter einer Decke lag.

Es sickerte durch, daß eine Milchflasche bis zum Rand in seinem Darm steckte. Der Mann erklärte, er sei beim Gardinenaufhängen in der Küche ausgerutscht und auf der Flasche gelandet, die mit der Öffnung nach unten auf der Spüle gestanden habe.

Die Wucht des Sturzes hatte ein Vakuum erzeugt. Der Chirurg sah nur zwei Möglichkeiten, die Flasche zu entfernen: Er mußte sie entweder zerschlagen oder eine Methode finden, einen Hebel ansetzen zu können, um sie herauszuziehen. Er beschloß, das zweite zu tun. Er füllte die Flasche vorsichtig mit Gips, bohrte einen Stock hinein und wartete, bis der Gips hart geworden war. Dann griff er zu und zog die Flasche heraus, daß es nur so ploppte.

Zwei Wochen später war der gleiche Mann mit einem ähnlichen Problem wieder da. Nur war er diesmal auf eine Colaflasche »gefallen«.

Schwanzbruch

Ein Seemann auf Landurlaub und seine Frau waren gerade kräftig zugange, als sie husten mußte. Sie bat ihn, er möge doch so lieb sein und nach unten gehen, um ihr ein Glas Wasser zu holen.

Da er verhindern wollte, daß sie »erkaltete«, rannte er, stets drei Stufen auf einmal nehmend, die Treppe hinunter und eilte in die Küche. Dort rutschte er unglücklicherweise auf einem herumliegenden Stück Seife aus und landete auf seinem steifen Dödel, der genau mittschiffs umknickte.

Tja, kann vorkommen . . .

Spare Wasser, bade mit einem Freund

Als die wirtschaftliche Lage in den siebziger Jahren zur Dreitagewoche führte und wir alle zum »Sparen« angehalten wurden, schlugen die Konservativen vor: »Spare Wasser, bade mit einem Freund.« Ein jungverheiratetes Paar nahm sich den Rat mit lebhafter Begeisterung zu Herzen – doch mit gräßlichen Konsequenzen. Ihr schaumig-geiles Geplantsche erzeugte nämlich in der Koituszone ein Vakuum, und so hingen die beiden in einer seifigen Verbindung zusammen. Es gelang ihnen, die Aufmerksamkeit der Nachbarn auf ihre mißliche Lage zu richten, die natürlich die Feuerwehr anriefen. Die Badezimmertür wurde eingeschlagen, und man trug das verlegene Paar an den neugierigen Nachbarn vorbei in einen wartenden Krankenwagen.

Rechnung aus Bangkok

Ein Mann aus Ashford in Kent reiste beruflich für einen Monat nach Bangkok, wo er begeistert die Gastfreundschaft der Einheimischen ausnutzte. Vielleicht *zu* begeistert, denn nach einer Woche merkte er, daß sich sein Dödel irgendwas Schmerzhaftes gefangen hatte. Er ging sofort in eine Klinik, die auf Geschlechtskrankheiten spezialisiert war. Man diagnostizierte Filzläuse, und er erhielt für den Rest des Aufenthalts eine teure Behandlung.

Als er wieder zu Hause war, wollte er seiner Frau natürlich alles verschweigen. Doch wie der Zufall es wollte, öffnete sie eines Morgens beim Frühstück die Post und fand die Kreditkartenabrechnung, die sie immer besonders genau unter die Lupe nahm.

Diesmal fiel ihr Blick auf einen besonderen Eintrag, und sie rief verwirrt zu ihrem Mann hinauf: »Liebling, was hattest du denn im Institut für Geschlechtskrankheiten in Bangkok zu tun?«

Wie alle anderen

Eine Sprachtherapeutin aus einem Dorf bei Sleaford in Lincolnshire war gut mit einem einheimischen Arzt bekannt, der ihr – wie üblich, auf die Schweigepflicht pfeifend – gelegentlich einen besonders saftigen Fall erzählte, ohne freilich Namen zu nennen.

Eines Abends war er besonders scharf darauf, ihr ein Erlebnis mitzuteilen. Der junge Ortspfarrer und seine Gattin waren nämlich bei ihm gewesen, um in Sachen Schwangerschaft seinen Rat zu erbitten. Die beiden hatten zwar vor fünf Jahren aufgehört, Verhütungsmittel zu nehmen, doch die Frau wurde und wurde nicht schwanger.

Sie waren beide vor einiger Zeit in einem Krankenhaus gewesen, um ihre Fruchtbarkeit feststellen zu lassen. Das Ergebnis hatte gezeigt, daß kein Grund bestand, wieso sie keine Kinder bekommen sollte. Die letzte Hoffnung des Geistlichen und seiner geliebten Frau war also der Arzt, und sie fragten ihn um Rat. Der Arzt redete eine ganze Stunde mit ihnen über die Sache. Er erkundigte sich nach den Tagen ihres Eisprungs, nach allzu kalten Bädern und ob der Geistliche überhaupt einen hochkriegte, aber alles schien in Ordnung zu sein.

Dann hatte der Arzt einen Geistesblitz, und er fragte: »Wie machen Sie es genau?«

Der Pfarrer errötete leicht und erwiderte: »Wie alle anderen, Herr Doktor. Sie wissen doch: Ich drücke meinen Zipfel an den Nabel meiner Frau und rubble ihn zwanzig Minuten daran.«

Kasperle ist wieder da

Ich kenne einen Typen, der in vielerlei Hinsicht eine echte Nervensäge ist, aber davon später mehr. Irgendwann hatte er mit einem reizenden Mädchen angebandelt. Obwohl die beiden eine ganze Weile miteinander gingen, stellte sie ihn nie ihren Eltern vor, und er war ziemlich scharf darauf, die alten Fossilien kennenzulernen. Zwar wußte er, daß ihr Vater ein Mann der Kirche war, aber er glaubte, ein Blick auf ihre alte Dame könnte ihm sagen, wie sich seine Freundin entwickeln würde. Das Mädchen schien jedoch jedes Treffen verhindern zu wollen, und wahrscheinlich hatte es guten Grund dazu.

Eines Tages machte sie aus heiterem Himmel den Vorschlag, zu ihr nach Hause zu gehen, um ein paar alte Sachen aus der Schulzeit herauszusuchen. Er konnte es kaum erwarten. Doch als sie in ihrem Elternhaus waren, bemerkte er zu seiner Enttäuschung, daß seine Freundin dafür gesorgt hatte, daß die alten Herrschaften nicht daheim waren. Sie gingen in ihr Zimmer hinauf und suchten nach den Kinkerlitzchen. Eins gab das andere, dann rissen sie sich die Klamotten vom Leib, bumsten wild auf den alten Schulbüchern herum und schliefen ein.

Kurz darauf wurde der Junge wach. Er war allein. Und so machte er sich nackt auf die Suche nach seiner Freundin. Als er ins Parterre kam, hörte er sie im Wohnzimmer, wo das Radio lief. Da die Tür einen Spalt aufstand, beschloß er, ein Scherzchen zu machen. Er nahm seinen unheimlich langen Dödel zwischen Daumen und Zeigefinger, schob ihn durch den Türspalt, schwenkte ihn herum und quäkte mit Kasperlstimme: »Tri-tra-trullala! Tri-tra-trullala!« Da er keine Reaktion vernahm, wiederholte er die Show. Trotzdem rührte sich nichts. Dann schob er den Kopf durch den Türspalt.

Und er erblickte – über Kaffee und Kuchen erstarrt – das tomatenrote Gesicht seiner Freundin und ihre verblüfften Eltern.

Zu früh gefreut

Ein Typ, der im gleichen Hockeyverein war wie mein Freund, war als echter Geilhuber bekannt, aber wer durch den Dödel lebt, wird bekanntlich auch durch ihn sterben. Nach dem Ende eines Spiels nahm er mit dem größten Teil der Mannschaft zur üblichen Ferkelsitzung Platz. Die Jungs holten ein paar Sexblättchen raus und schauten sich anderer Frauen Bären an.

Der Lustmolch blätterte gerade die Rubrik durch, in der das Blatt

Fotos von Lesergattinnen abdruckte, als er plötzlich schrie: »He, Jungs, seht euch das an!« Er deutete mit dem Finger auf eins der abgedruckten Bilder. »Diesen Monat ist meine Alte drin!« Dann zuckte er zusammen, schaute sich das Bild genauer an und murmelte erbleichend: »Aber das ist doch nicht *unser* Sofa . . .«

Unterhalb der Gürtellinie

Da der Vetter meines Freundes heiraten wollte, organisierten seine Kumpane für ihn und ein Dutzend enger Freunde in einer Kneipe in Stockwell, im Londoner Süden, einen scharfen und feuchten Abschied vom Junggesellenleben. Es war einer von den Junggesellenabenden, von denen man zwar immer *hört,* zu denen man aber nie eingeladen wird. Der Abend fing mit ein paar geilen Videos an, dann, gegen halb neun, tanzten die »Puppen« an. Drei Stripperinnen aus der Stadt zogen auf der Bühne eine Live-Show miteinander ab. Am Ende der Vorstellung griffen sie sich einige Jungs (die Krawattenträger) und verpaßten ihnen eine »Abreibung«. Dann schleiften sie sie nackt auf die Bühne und brachten sie dazu, allerlei schmutzige Dinge zu tun. Nach der Nummer machten sich einige Jungs mit privateren Zielen an die Puppen heran, und es wurde verhandelt. Der besoffene Bräutigam in spe überredete schließlich eins der Girls, ihm für fünf Pfund einen zu blasen. Die beiden zogen sich in einen Nebenraum zurück, wo sie sich flink über ihn hermachte. Doch als er die Hand unter den Rock seiner Partnerin schob, berührten seine Finger zu seinem Schreck zwei behaarte Nüsse. Die Stripperin war ein Mann . . .

NICHT TOTZUKRIEGENDE WEISHEITEN
Sex

- Im Stehen kann man nicht geschwängert werden.
- Frauen vögeln nicht gern.
- Männer vögeln öfter als Frauen.
- Kater haben Widerhaken am Schniedelwutz.
- Ostfriesen treiben's lieber mit Schafen.
- Dackel treiben es mit Doggen.
- Achtzigjährige Männer und Frauen rammeln pausenlos.
- Medizinstudenten schneiden Leichen den Schniepel ab und nähen ihn sich an den Hosenboden.
- Ihr wißt doch sicher, wie die Löcher in den Schweizer Käse gemacht werden?
- Eberpimmel sehen aus wie Korkenzieher.
- Da sind Proteine drin!?
- Katharina die Große hat es am liebsten mit Hengsten getrieben. Caligula übrigens auch.
- Die Chinesen sind Meister der Penistransplantation; ein Mann hat sein Glied mal seinem Enkel vererbt, weil er keine Verwendung mehr dafür hatte.

DIE FREUDEN DER EHE

Hochzeitsfeiern und andere Blamagen

Der Ehestandstratsch hat zusammen mit vielen rituellen Ereignissen des Lebens seine eigenen Geschichten hochgerülpst. Der Druck, aus dem Hochzeitstag den perfekten Tag zu machen, ist für die meisten von uns unerträglich, zumal die potentiellen Pleiten solcher Festtage zahlreicher sind als die geworfenen Reiskörner. Die folgenden Heuler führen uns Menschen vor, die an ihrem verletzlichsten Tag ganz unzeremoniell gedemütigt werden. Ob nach der Lektüre dieser Stories wohl noch jemand darauf aus ist, das Strumpfband zu fangen, wenn es in die Menge geworfen wird?

Der eingegipste Bräutigam

Ein Freund von mir, Medizinstudent, feierte seinen letzten Abend als Junggeselle. Wie man sich vorstellen kann, war er steif wie ein Brett. Seine Freunde, die ihm einen Streich spielen wollten, schleiften ihn zu dem Krankenhaus, in dem sie arbeiteten, und gipsten ihm beide Beine ein – von den Knöcheln bis zur Hüfte.

Am nächsten Morgen, dem Tag seiner Heirat, wachte er auf – noch immer eingegipst. Er verfiel in Panik, aber sein Trauzeuge erklärte ihm, er hätte noch mal Schwein gehabt: Er sei am vergangenen Abend schwer gestürzt, und da hätte man ihn eilends ins Krankenhaus gebracht.

Also mußte der Bräutigam zur Erheiterung der Gäste auf Krücken vor den Altar treten und verbrachte den gesamten Empfang in Gips. Seine Kumpane wollten ihm erst die Wahrheit sagen, wenn das Paar auf der Hochzeitsreise in seinem Hotel eintraf.

Als das Brautpaar abfuhr, winkten alle hinterher, und da die Jungs meinten, nun sei es genug, riefen sie das Hotel an und hinterließen die Nachricht, seine Beine seien in Wirklichkeit okay; er könne den Gips abnehmen.

Doch leider hatte der Bräutigam seinen Freunden bewußt den Namen eines falschen Hotels genannt – um zu verhindern, daß sie ihm irgendwelche Streiche spielten.

Gesellschaftsspiele

Ein Freund von mir nahm an einer Hochzeitsfeier teil, die zu einem Brüller wurde. Der Junggesellenabend war schon irre genug gewesen, aber auf dem Hochzeitsempfang wurde mit Braut und Bräutigam ein Quiz veranstaltet, bei dem jeweils einer intime Fragen beantworten mußte, während der andere aus dem Raum geführt wurde.

Als erster kam der Bräutigam an die Reihe, ein echtes Großmaul. Man stellte ihm verschiedene Fragen über seine Ehefrau, und dann:

»Was war die ungewöhnlichste Stelle, an der ihr es je miteinander getrieben habt?« Die Gäste amüsierten sich königlich.

»Das ist leicht«, sagte der Mann, »auf der Spüle in der Küche.« Die Gäste brüllten vor Vergnügen. Dann wurde seine Frau hereingeholt, ein schüchternes Ding, der die Sache sichtlich peinlich war. Alles lief zufriedenstellend, bis sie schließlich das gleiche gefragt wurde.

»Was war die ungewöhnlichste Stelle, an der ihr es je miteinander getrieben habt?«

Die Braut wurde weiß wie ein Kalkeimer, warf ihrem Mann einen beunruhigten Blick zu und sagte leise: »Ich kann's nicht; ich kann's nicht.« Der Mann lachte sich kaputt und sagte: »Keine Angst, Liebling, ich hab's schon gesagt. Es ist in Ordnung.«

Da blickte die Braut, noch immer verunsichert, in die Runde und antwortete: »Im Hintern.«

Die obige Geschichte macht seit neuestem die Runde, und man hat uns mindestens fünf verschiedene Versionen erzählt. Und natürlich schwört jeder, der sie erzählt, Stein und Bein, daß er dabei war.

Feindseliger Empfang

Gute Freunde von mir waren vor kurzem auf einer ungewöhnlichen Hochzeitsfeier in Liverpool bei Leuten, die sie nicht besonders gut kannten. Die Heirat wurde durch einen tiefen religiösen Graben getrennt: Die Familie der Braut bestand aus beinharten irischen Katholiken, die Sippe des Bräutigams aus frommen Protestanten.

Die Verwandten der Braut waren in Scharen mit der Fähre von der Kleeblatt-Insel gekommen – alles riesige Burschen, die schon nach dem Frühstück soffen. Wenn es auch einige Spannungen gab, schien der Tag ganz gut zu verlaufen. Alle benahmen sich angesichts des Brautpaars sehr nett, wenn der Bräutigam auch trotz der Aufmerksamkeit seiner lieblichen Frau etwas steif wirkte. Alle schoben es auf seine Nerven.

Die Rede, die der Trauzeuge hielt, kam zwar bombig an, aber der Bräutigam lachte nicht einmal. Als er dann selbst an die Reihe kam, rappelte er sich auf, dankte den Verwandten, Speisen- und Getränkelieferanten und laberte das übliche Zeug.

Dann wandte er sich an seine Frau und fuhr fort: »Und schließlich möchte ich noch meinem Trauzeugen Kevin dafür danken, daß er in den vergangenen sechs Monaten mit meiner Frau Bernadette geschlafen hat. Ich hoffe, ihr werdet sehr glücklich miteinander.« Dann verließ er den Saal, ohne sich noch einmal umzusehen.

Das Lokal explodierte. Der gesamte Empfang endete in einer Katastrophe – Protestanten gegen Katholiken – und in einer riesigen, unfrommen Rauferei, die sich bis auf die Straße hinaus erstreckte und erst endete, als die Polizei einige der blutbefleckten Gäste festnahm.

Es dürfte klar sein, daß das Paar seine Hochzeitsreise gar nicht erst in Angriff nahm ... Dieses weltliche Szenario aus Liverpool wurde kürzlich von Harry Enfield für eine Fernsehserie adaptiert – mit gleichem Ausgang.

Der Gipfel der Peinlichkeit

Der Bruder meines Arbeitskollegen wollte heiraten, deswegen ging er mit sämtlichen Kumpanen aus seinem Fußballverein zu einem letzten flotten Junggesellenabend auf die Rolle.

Sie soffen bis in die frühen Morgenstunden. Als der Bräutigam aufwachte, hatte er einen mordsmäßigen Kater und war so blaß wie eine Leiche. Also nahm sein Trauzeuge ihn auf dem Weg zur Kirche mit in ein Solarium, weil er glaubte, dann sähe er auf den Hochzeitsfotos besser aus.

Da sie genügend Zeit hatten, legte sich der Bräutigam auf die Sonnenbank und schloß die Augen. Zwei Stunden später fuhr er aus dem Schlaf hoch, nahm die Brille ab, zog sich an und eilte zur Kirche.

Als er seinen Platz einnahm, kicherten alle. Seine Braut war entsetzt, als sie ihn sah: Abgesehen von den Augen, wo die Brille gesessen hatte, war er knallrot. Er sah aus wie ein Panda. Was aber gut paßte, denn sie wollten ihre Hochzeitsreise ohnehin nach China machen.

Schock am Morgen

Als ein Freund von mir heiraten wollte, suchte er sich, obwohl ihm alle dringend abrieten, den größten Rabauken aus seinem Hockeyverein als Trauzeugen aus. Der Typ, den er haben wollte, war ein obszöner, primitiver Dummkopf, der kaum eine Gelegenheit ausließ, andere bis auf die Knochen zu blamieren und ständig damit prahlte, wie viele Zehn-Pence-Münzen unter seiner Vorhaut Platz hätten: Beim letzten Versuch 1 Pfund 80. (Andere Vereinsmitglieder behaupteten, der Typ hätte überhaupt nur aus Haut bestanden, aber das ist nicht bewiesen.)

Alle – besonders die aufgeregte Braut – waren entsetzt über die Konsequenzen, die der Beschluß des Bräutigams nach sich ziehen konnte. Doch der Trauzeuge benahm sich perfekt, was völlig untypisch für ihn war. Er sorgte dafür, daß der Bräutigam am letzten Junggesellenabend nüchtern blieb, arrangierte die Hochzeitsvorbereitungen wie ein Profi, war ungewöhnlich höflich zu allen Verwandten und hielt erstaunlicherweise nicht mal eine beleidigende Rede.

Sogar die Braut gab ihm ein dankbares Küßchen auf die Wange, und als sie am Ende des perfekten Tages die Hochzeitsreise antraten, winkte der zu Vernunft gekommene Trauzeuge ihnen zum Abschied zu.

Die Jungvermählten verbrachten eine wunderschöne Hochzeitsnacht in einem malerischen Hotel auf dem Land und nutzten alle Einrichtungen der intimen Hochzeitssuite aus.

Am nächsten Morgen erwachten sie und küßten sich zärtlich. Der Bräutigam nahm den Telefonhörer ab, klingelte dem Etagenkellner und bat darum, daß man ihnen zwei Tassen Tee hinaufbrachte.

»Lieber drei!« schrie daraufhin die Stimme des Trauzeugen unter dem Bett hervor.

Na schön, die Einlage mit den Münzen war etwas übertrieben, aber wir kennen einen Rugbyspieler, der ähnliche Tricks auf Lager hat und den gleichen Rekord für sich beansprucht . . .

Der Hochzeitsporno

Freunde von mir fuhren zu einer Hochzeit bei reichen Leuten in Bath, auf der bis ins letzte Detail alles wahnsinnig gut geplant war: der weiße Rolls Royce, das 1a-Hochzeitskleid, die Zylinderhüte und Fräcke etc.

Die Brauteltern hatten ein Vermögen ausgegeben und wollten verständlicherweise, daß der große Tag auf einem Videofilm festgehalten wurde. Dazu hatten sie jemanden angeheuert, den sie für einen herausragenden Spezialisten der Branche hielten.

Das Wetter war großartig an diesem Tag, keine Wolke war am Himmel. Alle sahen fabelhaft aus, besonders die strahlende Braut. Alle amüsierten sich prima, und jeder wartete darauf, das Video zu sehen, wenn es geschnitten war.

Als der fertige Film geliefert wurde, waren die Eltern der Braut zufälligerweise gerade zum Wochenende da. Die Jungvermählten rissen das Päckchen auf, stellten eine Kanne Tee auf den Tisch, und alle nahmen Platz, um sich den wunderbaren Film anzusehen.

Doch in der Videofirma mußte irgend etwas verwechselt worden sein. Die Zuschauer waren entsetzt über das, was sie sahen: Da tollte ihr schleimiger Video-Kameramann mit einer Anzahl seiner verschwitzten, übernächtigten Freunde in einer Reihe kompromittierender Szenen in bunten Farben nackt umher.

[Falls diese Story nach Ihrem Geschmack war: Mehr davon finden Sie unter **Schweinkram.***]*

NICHT TOTZUKRIEGENDE WEISHEITEN
Hochzeit

- Paßt man bei Doppelhochzeiten nicht auf, kann es passieren, daß man mit der falschen Braut im Bett landet.
- Wenn die Ehe nicht vollzogen wurde, braucht man sie auch nicht mitzuzählen.
- Auf jedem Empfang sagt ein betrunkener Onkel zur Freundin der Braut: »Wäre ich doch nur zehn Jahre jünger ...«
- Der Trauzeuge kriegt immer die Brautjungfer.
- Auf Hochzeiten geht jeder gern.
- Brautjungfern sehen in rosa Nylon, Puffärmeln und Prinzessinnenkleidchen entzückend aus.
- Ältere Verwandte knöpfen sich, wenn fotografiert wird, die Jacketts immer schief zu.
- Die Mutter der Braut und die Mutter des Bräutigams tragen immer den gleichen Hut.
- Alle sind wild auf den »Ententanz«.

FREUNDE UND VERWANDTE

Wer solche Freunde hat, braucht keine Verwandten

Dies ist das Kapitel »Warum muß das gerade mir passieren?« In der einen Ecke: Familienkräche und fehlgeleitete Kinder; in der anderen: rachsüchtige Partner und demütigende erste Rendezvous, alle durch falsch verstandene Klassensolidarität miteinander verkettet. Die kaum glaublichen Erzählungen, die nun folgen, verdeutlichen uns, daß auch nach einem besonders üblen Tag immer jemand da ist, mit dem wir im gleichen Boot sitzen – ganz gleich, ob man stinksauer ist, gerade sein Gebiß verloren hat oder die eigene Gattin Böses im Schilde führt. Man sollte nicht vergessen, daß zwischen der »lieben« und der »buckligen« Verwandtschaft kein großer Unterschied besteht . . .

Suppe aus Kanada

Wie in britischen Familien üblich, hatten auch die Eltern meines Kumpels aus Essex eine alte Tante und einen Onkel in Kanada. Sie waren vor Jahrzehnten ausgewandert. Die *émigrés* pflegten zwar nostalgische Gefühle für die Heimat, meinten aber auch, es zu etwas Besserem gebracht zu haben, weswegen sie sich bemühten, der daheimgebliebenen Verwandtschaft zu helfen, indem sie ihr regelmäßig Beispiele des guten Lebens schickten, das sie in der Neuen Welt führten – etwa Nahrungsmittel oder strombetriebene Kinkerlitzchen.

Einmal schickten sie sehr lange nichts. Die Familie fragte sich schon, was wohl mit den kanadischen Verwandten los sei, doch ihre Briefe blieben unbeantwortet.

Dann, mehrere Monate später, traf ein Päckchen aus Kanada ein – eine Jiffytüte mit einer kleinen Dose, deren Inhalt wie Suppenpulver aussah. Wie lieb von ihnen! Aber der Suppe lag kein Brief bei; also ließ die Familie sich die Suppe schmecken, ohne zu wissen, wie es Onkel und Tante ging.

Zwei Tage später kam ein Luftpostbrief aus Kanada an. Er war von der Tante, die sich entschuldigte, weil sie sich so lange nicht gemeldet hatte. Sie erklärte, sie hätte in den sechs Monaten vor dem Tod ihres Gatten jede Minute gebraucht, um ihn zu pflegen.

Am Totenbett hatte sie ihm versprechen müssen, ihn in englischer Erde zu begraben. »Aber da ich die Leiche nicht überführen konnte«, schloß der Brief, »habe ich sie verbrennen lassen. In dem Wissen, daß ihr euch darum kümmert, eurem Onkel ein passendes Begräbnis zu verschaffen, sende ich seine Asche in einem separaten Päckchen.«

[Siehe »Zöllner sind auch nur Menschen« in **Reisekotzen**.*]*

Kurz nach dem Zweiten Weltkrieg war es für evakuierte oder nach Kanada bzw. Australien emigrierte Briten ganz normal, ihre auf Lebensmittelkarten gesetzten Verwandten in der alten Heimat mit Freßpaketen zu versorgen. Dinge wie in der vorhergehenden Geschichte kamen alle naselang vor. Heute sind die ausgewanderten Verwandten meist dafür bekannt, daß sie glauben, die jüngeren Angehörigen der Zurückgebliebenen seien in einer Art präpubertären Zeitfalte steckengeblieben – denn sie schicken ihnen Cowboyanzüge Größe 30 und Felix-der-Kater-*Heftchen zum Geburtstag. So sieht unser Bild von Kanada aus ...*

Ein Furz unter Freunden

Meine Schwester kennt ein Mädel aus Fulham, das immer ins Fettnäpfchen tritt, und zwar meist dann, wenn es gerade einen neuen Freund hat. Wie auch beim letztenmal: Sie hatte gerade einen ansehnlichen, piekfeinen Typen kennengelernt, der sie zu einer Party bei seinen Freunden einlud. Da sie ihn unbedingt beeindrucken wollte, warf sie sich in ein enges, schickes, schwarzes Kleidchen.

Auf der Party war sie aber so nervös, daß ein gewisses Maß an Galligkeit in ihr aufwallte und dazu ansetzte, sich in Form einer lauten Trompete Gehör zu verschaffen. Und so konnte sie sich einfach nicht entspannen. Immer wenn sie gerade allein war und einen Versuch machte, ihren Blähungen ein Ventil zu öffnen, stürzte ihr Typ sich mit einem Lächeln auf sie und rückte ihr nicht mehr von der Pelle. Das machte die Sache noch viel schlimmer. Die Schlange vor der Toilette reichte die ganze Treppe hinunter, also hatte es keinen Zweck, sich anzustellen.

Schließlich sagte ihr Freund zu ihrer Erleichterung, daß er nun gehen wollte. Als der Typ sie zu seinem Wagen brachte und ihr hineinhalf, hielt sie den üblen Wind noch eine Weile zurück. Sie fühlte sich sehr erleichtert, als er sagte, er müsse noch mal ins Haus, um sich von jemandem eine Telefonnummer geben zu lassen.

Sie nahm auf dem Beifahrersitz Platz und ließ mit immenser Befriedigung gewaltig einen ziehen.

Sekunden später öffnete ihr Freund die Wagentür und stieg ein. »Entschuldige«, sagte er, »aber das habe ich ganz vergessen: Das sind Carol und Peter.« Und er deutete auf zwei verlegene Freunde, die schweigend auf dem Rücksitz saßen und sich die Nase zuhielten.

Dieses Szenario wurde – geschmackvoll verändert – in der Fernsehkomödie Just Good Friends *verbraten. Das nächste war allem Anschein nach für eine Bearbeitung ungeeignet. Die Gefahrenzulage für die Stuntfrau wäre sicher zu hoch ausgefallen . . .*

Das rechte Wort

Die gleiche junge Dame war auch in eine ähnlich scheußliche Episode mit einem anderen piekfeinen Typ verwickelt. Diesmal wurde sie in das schicke Knightsbridge-Stadthaus des jungen Mannes eingeladen, um seine Eltern kennenzulernen. Zwar war sie noch nie zuvor in einem herrschaftlichen Haus in bester Wohnlage gewesen, aber sie führte sich bestens auf.

Das Essen ging sehr steif vonstatten, und daran änderte sich auch nichts – bis sie zur Toilette mußte. Da sie glaubte, es sei zu kraß und zu gewöhnlich, nach dem »Klo« zu fragen, versuchte sie, sich daran zu erinnern, was die feinen Leute dazu sagen. Dann fiel es ihr ein, und sie fragte die Mutter ihres Freundes nach der »Garderobe«.

Die Mutter beschrieb ihr die Richtung zu einem Raum im ersten Stock, doch als die junge Frau eintrat, befand sie sich wirklich in einer Garderobe: Da hingen jede Menge Klamotten, doch außer einem kleinen Waschbecken nichts.

Da sie es inzwischen kaum noch aushalten konnte, lüpfte sie ihr Taftkleid, machte einen Satz und unternahm den Versuch, sich auf das Waschbecken zu hocken. Doch als sie halb fertig war, vernahm sie ein häßliches Knirschen, und das Becken riß aus der Wand. Das laute Gepolter wurde unten gehört, und die Tafelnden eilten hinauf, um nachzusehen, ob ihrem Gast etwas passiert war.

Als sie die Tür öffneten, lag das Mädchen mit zwei schmerzhaft umgeknickten Beinen über dem zerschmetterten Porzellan auf dem Boden – das Höschen auf den Knien und in einer verdächtig aussehenden Lache.

Die beiden obigen Geschichten thematisieren das Motto des Klassenkonflikts in der modernen Sage sowie die Einstellung, man soll »unter seinesgleichen« bleiben und nicht mehr aus sich machen, als man ist. Soziale Aufsteiger, so scheint es, enden stets damit, daß sie auf die Schnauze fallen. [Siehe »Der Nachttopf« in **Großstadt-Klassiker.***]*

Der Weg nach unten

Ein älteres Ehepaar wohnte in einem baufälligen alten Haus, das an einem Hang lag und zu den ersten in der Straße gehörte, die über eine Innentoilette verfügten. Nun gehörte der alte Knacker zu denen, die sich gern einen trinken, und war in Dingen, die mit der Toilette – oder sagen wir lieber: mit der Genauigkeit – zu tun haben, wenig zimperlich. Er schiffte ständig daneben und klappte, sehr zum Ärger seiner Frau, nie die Brille runter.

So ging es jahrelang – bis zu dem Tag, an dem seine ziemlich kräftig gebaute bessere Hälfte nach oben ging, um die Latrine zu benutzen. Als sie sah, daß die Brille wieder mal hochgeklappt war, knallte sie sie an ihren Platz und setzte sich hin; diesmal etwas heftiger als üblich.

Die verrotteten Bodenbretter gaben nach, und sie machte eine Bruchlandung auf dem Küchentisch – direkt vor ihrem erschreckten Gatten, und noch immer breitbeinig auf dem Topf sitzend.

Weiterer Scheißhaushumor gefällig? Blättern Sie schamrot zu **Unter dem Messer** *zurück.*

Die Yuppies und ihre scharfen Nachbarn

Ein junges Yuppie-Ehepaar siedelte in eine neue Eigenheimsiedlung am Rande von Hertford um und wurde, kaum daß es eingezogen war, überraschend gefragt, ob es an einer Partnertauschfete teilnehmen wollte.

Die beiden sagten spaßeshalber ihre Teilnahme zu, und an dem fraglichen Abend warfen sie die Schlüssel ihres Autos – es war ein nagelneuer weißer BMW – in den Hut, in dem auch die anderen lagen. Dann zogen die Frauen nacheinander einen Schlüssel heraus und hauten mit dem Mann ab, dem er gehörte.

Auch die Yuppie-Frau nahm sich einen, sie schien (zum großen Frust ihres Mannes) auch sehr scharf auf ihren kräftig aussehenden Partner zu sein, mit dem sie kurz darauf abzog.

Insgesamt waren etwa ein Dutzend Paare anwesend, doch als alle Wagenschlüssel gezogen waren, hatte der Yuppie-Typ noch immer keine Frau aufgerissen. Als er mutterseelenallein in dem Raum zurückblieb, latschte er mürrisch nach Hause und bemerkte voller Bitterkeit, daß auch sein geliebter BMW nicht mehr vor der Tür stand.

Das Komische war, daß seine Frau zwar wieder auftauchte, nicht aber der Wagen. Natürlich wagte er es nicht, der Polizei diese Geschichte zu erzählen.

Der Schlüssel liegt unter der Matte

Eine nettes Rentnerehepaar aus Berwick wollte mit seinen drei Söhnen in den Zwanzigern die Weihnachtsfeiertage bei Verwandten in deren neuem Eigenheim in Winchmore Hill im Norden Londons verbringen. Da sie spät am Heiligen Abend ankommen wollten, erklärten sich die Verwandten bereit, das Seitentor offen zu lassen und den Hintertürschlüssel im Garten unter einen Stein zu legen.

Doch die Familie kam später an als geplant, denn die Lageskizze, die die Verwandten geschickt hatten, war völlig konfus. Endlich erreichten sie die Allee, richteten sich nach den Hausnummern und stellten den Wagen vor der Tür ab. Einer der Söhne stieg aus, um das Seitentor zu öffnen, doch es war abgeschlossen, und er mußte hinüberklettern. Dann öffnete er für die anderen das Haupttor, und alle stolperten durch den Garten, um den Stein zu suchen, unter dem der Hausschlüssel liegen sollte.

Dann zischte einer dem anderen zu, die Hintertür stünde ohnehin offen – also schlenderte sie hinein, stellten ihr Gepäck ab, machten sich so leise wie möglich etwas zu Essen und eine Kanne Tee und nahmen im Wohnzimmer Platz. Der im neuen Haus ihres Bruders herumschnüffelnden Mutter fielen zwar auf dem Fernseher ein paar eingerahmte Fotos auf, aber es überraschte sie nicht sonderlich, daß sie die darauf abgebildeten Personen nicht kannte – was auch für das alte Hochzeitsfoto eines Paares galt, das sie noch nie im Leben gesehen hatte.

Nachdem die ermüdeten Reisenden sich erfrischt hatten, schlichen sie in den ersten Stock, stießen auf leere Zimmer und legten sich schlafen. Am nächsten Morgen – es war der erste Weihnachtstag – marschierten sie geschlossen ins Parterre hinunter und standen vor zwei ihnen völlig unbekannten, am Tisch sitzenden Leuten. Sie waren aus Versehen ins Nachbarhaus eingestiegen.

Die verschmähte Gattin

Ein Freund von mir hat geschworen, daß dies einem Kollegen passiert ist: Der Bursche ging eines Abends über eine protzige Prachtstraße, als er an einem großen Haus vorbeikam, in dessen Einfahrt ein Porsche stand. Auf der Windschutzscheibe hing ein handgeschriebenes Schild, auf dem stand: »5 Pfund – Totalausverkauf!«

Verdattert klopfte er an die Haustür. Sofort öffnete ihm eine in Tränen aufgelöste Frau. Er erkundigte sich nach dem Wagen, und sie erwiderte zerstreut, ja, er koste wirklich nur einen Fünfer. Im Ernst? Aber ja!

Er konnte es kaum glauben, aber er gab ihr den Schein, und sie händigte ihm den Schlüssel und die Papiere aus. Dann erkundigte sie sich, ob er Golfschläger, eine Stereoanlage, schicke Anzüge oder einen Heimtrainer brauchen könne, alles spottbillig. Da wurde der Typ natürlich mißtrauisch und fragte, was eigentlich hier los sei.

Da erwiderte die Frau weinend, ihr betrügerischer Ehemann habe ihr erzählt, er müsse auf eine Geschäftsreise – aber sie hatte erfahren, daß er in Wahrheit mit seiner Sekretärin in Venedig war.

Deswegen hatte sie eine große Überraschung für ihn organisiert, wenn er nach Hause kam: Sie verscherbelte alles, was ihm gehörte.

Die obige Geschichte gehört zu den immer wiederkehrenden Phantasien von Autonarren und ist Bestandteil der allgemein verbreiteten Großstadt-Sage vom »ungeheuren Schnäppchen«. Zum Genre der Autogeschichten gehört auch der weithin für bare Münze gehaltene Glaube, daß automatisch der neue Preis gilt, wenn sich Zahlen von Schaufensterpreisschildern ablösen. Dies hat zu einer Unzahl angeblich wahrer Geschichten über Menschen geführt, die zufällig sehen, daß der Wind ein paar Nullen von einem Rolls Royce-Preisschild fortweht, und sich den tollen Schlitten für 'n Appel und 'n Ei unter den Nagel reißen, weil das »Gesetz« es so verlangt.

Die Durchreiche

Folgendes ist einem Freund von mir aus Camden wirklich passiert: Er war zum ersten Mal im Haus der Eltern seiner Freundin und nahm bei ihnen eine sehr gepflegte Mahlzeit ein.

Seine Nerven (sowie ein Bohnen-Toast-Imbiß) spielten ihm aber übel mit, so daß seine Därme von üblen Winden geplagt wurden. Er entschuldigte sich, erhob sich rasch vom Tisch und eilte zur Toilette. Auf dem Weg dorthin erspähte er ein offenes kleines Fenster, schob den Hintern einfach hindurch und furzte wie ein Wilder.

Kurz darauf kehrte er zu der schweigsamen Runde an den Eßtisch zurück. Der Rest des Abends verlief ohne Zwischenfälle, und dafür war mein Kumpel sehr dankbar.

Auf der Heimfahrt, im Wagen, wandte sich der Typ an seine stille Freundin und sagte: »Nun, es hat mir sehr gut gefallen. Was meinst du, Liebling?«

»Ich habe auch gedacht, es läuft alles gut – bis du durch die Durchreiche gefurzt hast ... Liebling.«

Der alte Mann und das Gebiß

Mein Onkel geht gern angeln und kennt einen Trupp uralter Angler, die alle mindestens siebzig Jahre alt sind und am Wochenende gern rausfahren, um vor ihren Frauen Ruhe zu haben (was auch für die Frauen eine Erleichterung ist). Einmal wollten sie ihr Glück am Meer versuchen, in der Nähe von Grimsby, und so machten sie sich in einem Konvoi alter Karren frühmorgens auf den Weg.

Doch als sie auf dem Wasser waren, spielte das Meer den alten Opas übel mit. Das Boot tanzte rauf und runter, und allen wurde speiübel. Einem besonders empfindlichen alten Knaben fiel das Frühstück aus dem Gesicht – zusammen mit dem Gebiß, was ihn stinksauer machte und die anderen laut lachen ließ.

Als die See sich später beruhigt hatte, biß bei einem der alten Knaben eine große Makrele an. Um ein Späßchen zu machen, schlitzte er den Fisch auf, nahm sein eigenes Gebiß aus dem Mund, schob es in den Fisch hinein und rief dem Typen, der seins ausgekotzt hatte, zu: »Ob du's glaubst oder nicht, das Vieh hat deine Zähne verschluckt!«

»Zeig mal her«, sagte der schräge Alte. Er riß dem anderen das Gebiß aus der Hand und schob es sich in den Mund. Dann grinste er, spuckte es in seine Hand zurück und warf es mit den Worten »Nee, das war nicht meins« ins Wasser.

Kinder tauchen in »wahren« Geschichten nicht sehr oft in der Rolle von Opfern auf – es wäre zu *gemein –, und meist spielen sie nicht mal die Hauptrolle. Aber sie erzählen solche Geschichten sehr gern. Viele Geschichten, die wir bei der Forschungsarbeit für dieses Buch gehört haben, brachten eine Saite in uns zum Klingen, die wir zuletzt auf dem Spielplatz oder bei Unterhaltungen unter Heranwachsenden vernommen hatten – speziell die Pechgeschichten über die motorisierten Pärchen auf abendlichen Vögelwegen und die aus dem Kapitel* **Großstadt-Klassiker.** *Allerdings zeigt der nächste Abschnitt statt des eingebauten Terminators eher die liebere, frechere Seite des kindlichen Spiels. [Bezüglich der schmutzigen Seite siehe* **Technophobien.***]*

Der hyperaktive Bengel

Während der Osterfeiertage besuchten Freunde unserer Familie den Zoo in Dudley. Ihr Kleiner gehörte zum hyperaktiven Typ, er war gegen Schokolade oder sowas allergisch. Er konnte einfach nicht stillsitzen, stellte ständig etwas an und brachte sich meist in haarsträubende Situationen. Da seine Mutter meinte, ein Zoo könnte ein sehr gefährlicher Ort sein, wollte sie ihn fest an die Hand nehmen, aber nachdem der Bub zehn Minuten lang quengelnd an ihr herumgezerrt hatte, war sie froh, ihn loszuwerden, und er tollte umher.

Er war das Chaos auf zwei Beinen. Er kasperte hinter dem Sicherheitsgeländer des Löwenkäfigs herum, kletterte ins Affengehege, beugte sich über die Brüstung am Eisbärbecken, balancierte am Rand der Krokodilgrube entlang und bewarf die Viecher mit Brotkrusten. Seine Familie konnte nicht mit ihm Schritt halten. Als die Zeit zum Gehen kam, mußten die Eltern ihn geschlagene zwanzig Minuten rufen. Schließlich kam er mit vor der Brust verschränkten Armen zurück und stieg in den Wagen. Auf dem Heimweg war er ungewöhnlich still, und als sie zu Hause waren, lief er sofort nach oben. Die geplagten Eltern gingen in die Küche, um sich einen wohlverdienten Tee zu gönnen, doch plötzlich schreckte sie ein von oben kommender Krawall auf.

Man stelle sich ihre Überraschung vor, als sie die Badezimmertür öffneten und ihr Schätzchen mit einem kleinen, verwirrten Pinguin in der Wanne herumplantschen sahen.

Papa ist aus dem Schneider

Der Freund meines Vaters war in eine amüsante Episode verwickelt, die er der uneingeschränkten Zuneigung seines achtjährigen Sohnes verdankte.

Hin und wieder lud er seinen Chef zu einer Partie Golf ein – dann etwa, wenn er plante, ihn um eine Gehaltserhöhung oder einen größeren Firmenwagen zu bitten. Dann verlor er sogar absichtlich, obwohl der Chef vom Golfspiel nicht die Bohne verstand. Doch er wußte, wenn er den Alten auf dem Golfplatz besiegte, waren die Chancen zur Verbesserung seiner beruflichen Situation so dünn wie ein Damenputter.

Trotzdem fuhr der Typ nach einem solchen Spiel wütend nach Hause, denn er hatte seinen Ball ins Wasser und ins Rough schlagen und sich zusammenreißen müssen, als sein Chef ihn verhöhnt hatte. Als sein Söhnchen die Auswirkungen sah, die das Golfspiel auf Papa hatten, tüftelte er sich einen Plan aus, der ihn aufmuntern sollte.

Das nächste Spiel fiel zufällig in die Sommerferien. Papa und der Chef fuhren auf einen in der Nähe befindlichen Platz, ohne zu ahnen, daß Sohnemann sich als Rächer schon zuvor dorthin begeben hatte.

An der ersten Abschlagstelle legte der Typ einen angemessenen Drive vor. Der Chef haute seinen Ball, wie üblich, zwischen die Bäume. Als er ihn fand, war er im Schlamm begraben. Hätte der Chef Ahnung gehabt, wäre ihm aufgegangen, daß jemand auf ihn getreten haben mußte.

Er schlug den Ball nur ein paar Meter weit. Der Vater des Jungen knirschte mit den Zähnen – denn dies bedeutete, daß er *noch* schlechter spielen mußte. Doch das erste Loch bestimmte auch den weiteren Spielverlauf. Der Ball des Chefs verschwand jedesmal im Nichts – entweder löste er sich in Luft auf, fiel in ein tiefes Loch oder lief dreißig Meter weit in ein Gewässer hinein.

Um den Chef nicht zu überflügeln, war Papa jedesmal gezwungen, sein Spiel dem niedrigen Niveau anzupassen. Trotzdem wurden die beiden Männer immer saurer, und das ging so bis zum 18. Loch, als der Chef seinen Drive knapp über den Hügel schlug und genau hinsah, wo er landete. Da sah er ein Bürschlein in einem roten Trainingsanzug, das zu seinem Ball rannte und mehrmals fest auf ihn eintrat.

Papa sah den Jungen natürlich auch, aber da er sich schämte, den eigenen Sohn zu erkennen, hielt er die Klappe. Doch der Chef drehte sich mit dem Blick eines tollwütigen Stiers zu ihm um.

»Ist das nicht Ihr verdammter Sohn? Nun, seine Frechheit wird Sie die Beförderung kosten, die ich Ihnen anbieten wollte!« Papa fuhr nach Hause, warf den Schläger in die Ecke stürzte sich auf seinen Sohn . . . Dann brach er in ein lautes Lachen aus und dankte ihm, weil er sich nun nie mehr dem demütigenden Ritual auf dem Golfplatz auszusetzen brauchte.

Die sechste Zehe

Die Freundin meiner Schwester und ihr Mann spielten mit ihrem achtzehn Monate alten Töchterchen und ließen ihm ein Bad ein. Während das Wasser lief, spielten sie, um die Kleine zu beschäftigen, mit ihren Zehen und sagten, auch wenn er sich normalerweise auf die Finger bezieht, den Spruch auf:

»Dies ist der Daumen;
der schüttelt die Pflaumen;
der liest sie ein;
der bringt sie heim;

und der Kleine ißt sie ganz allein.«

Aber komischerweise blieb noch eine Zehe übrig . . .

Und jetzt das Komische: Wissenschaftler haben entdeckt, daß das Gen, das sechs Zehen hervorruft, in Wirklichkeit vorherrschend ist. Es heißt sogar, im amerikanischen Utah wird man in einer bestimmten Gegend für »komisch« gehalten, wenn man keine sechs Zehen hat und kein Zwerg ist. Außerdem soll eine dort ansässige Schuhfabrik für diesen Markt extra breite Schuhe herstellen. Angeblich sind sechszehige Menschen bei Sportarten, in denen es auf die Balance ankommt, sogar überrepräsentiert. Völlig im Gegensatz zu dem nun folgenden Spiel, in dem es von Vorteil ist, wenn man an unheilbarer Schlaflosigkeit leidet.

Im Sonntagsstaat

Ein Geschäftsmann aus Southhampton, Mitte fünfzig, erwartete aufgeregt den Beginn der Cricket-Saison. Obwohl er kein Cricket-As war, sah er die Sache britisch: Er war weniger scharf auf das Spiel als auf die dazugehörige Geselligkeit, und zwar so sehr, daß man seine Gattin als Cricket-Witwe bezeichnen konnte.

Als die Frau die freudige Erwartung ihres Mannes sah und sich vorstellte, daß er in den nächsten drei Monaten keine Gelegenheit haben würde, ein paar dringend nötige Reparaturen im Haushalt durchzuführen, sah sie rot und schritt zu einer drastischen Aktion: Noch ehe das erste Spiel der Saison angefangen hatte, verbrannte sie seine Cricket-Ausrüstung.

Der Mann zog unerschrocken seinen besten grauen Sonntagsanzug an, begab sich zu seinem Ortsverein – und holte erstaunlicherweise fünfzig erfolgreiche Läufe, das beste Ergebnis seines Lebens.

Das Hosenfrettchen

Ein Bursche aus Barnsley, der Frettchen hielt, kannte keinen größeren Spaß, als eins seiner Viecher in der Hose mit sich herumzuschleppen. Obwohl man weithin glaubt, daß Frettchen beißen und zappeln, ist daran kein wahres Wort. Wenn man sich bewegt, rühren sie sich meist nie, aber sie wärmen einem wunderbar den Unterleib.

Wie dem auch sei, der Bursche machte eines Tages ein Mädel an und lud es zu einem Kinobesuch ein. Erst als er es zum Kino abholte, fiel ihm ein, daß er noch ein Frettchen in der Hose hatte.

Da er annahm, daß sich das Mädchen vor dem schmuddeligen Nagetier gruseln würde, beschloß er, es für die Dauer des Films nicht hervorzuholen. Doch als die beiden gegen Ende des Films ihre letzten Snacks mampften, kriegte die Kleine mit, daß sich jemand an ihrem Popcorn zu schaffen machte.

»Verdammter Vielfraß«, dachte sie verärgert und meinte ihren Freund, »er hat seine Tüte doch gerade erst leergemacht.«

Doch die Attacke auf ihr Popcorn hielt an. Sie holte mit der Hand aus, um den Jungen abzuwehren, dann schrie sie erschreckt auf. Genau in diesem Augenblick gingen im Kino die Lampen an, und das Mädchen kreischte.

Das Frettchen reckte sich aus dem Hosenschlitz des Burschen und kramte in ihren Süßigkeiten herum.

Warum Menschen Frettchen in der Hose mit sich herumtragen? Es mag zwar riskant sein, ist aber ungefährlicher als das Mitführen von Mungos in der Unterhose. (Das sollte einem zu denken geben . . .)

Das Orientierungsproblem

Einem Kumpel zufolge konnte sein Onkel, der in den sechziger Jahren von Indien nach Derby zog, kein Wort Englisch lesen oder sprechen.

Aber das war noch nicht das Schlimmste. In der Straße, in der er wohnte, waren sämtliche Haustüren grün gestrichen. Um sich nicht zu verlaufen, legte der Typ anfangs einen Ziegelstein vor seine Haustür.

Doch als er in der ersten Woche abends nach Hause kam, spielten die Kinder aus der Nachbarschaft auf der Straße mit Steinen Himmel und Hölle.

Seine Markierung war weg. Es kostete ihn drei Stunden und mehre-

BFN 20 erscheint voraussichtlich Anfang/Mitte April '99

BEGGAR'S FARM

Jethro Tull Fanclub

Harald Eikermann
Sonnenallee 118
12045 Berlin
Tel./Fax: +49 (0)30 6871751
Kontonr.: BfG Berlin 25 25 840 500 BLZ: 100 101 11

Informationen: IRC oder 2,20 DM in Briefmarken

Telefonzeiten: Die., Do., So. von 12.00 - 22.00 Uhr

re peinliche Begegnungen in den falschen Häusern, ehe er das eigene wiederfand.

Am nächsten Tag ging er mit einem Eimer Farbe aus dem Haus und malte einen knallweißen Pfeil auf das Pflaster.

Folgende Geschichte ist bei jungen Leuten besonders populär, doch obwohl wir sie in mehreren Versionen kennen, müssen wir den, der von sich sagen kann, er sei dabeigewesen, erst noch aufspüren.

Wer sich zum Schaf macht, den fressen die Wölfe

Ein weibliches Zwillingspaar, das seinen Klassenkameradinnen in einem Internat in Berkshire gern Streiche spielte, fiel einer Verschwörung durch jene zum Opfer, die es im letzten Jahr hereingelegt hatte.

Als das Schulwochenende anstand, bekamen die Zwillinge ihr Fett ab, und zwar volles Rohr. Die Mädchen aus ihrer Klasse räumten das Zimmer der beiden – Betten inklusive – völlig aus und bedeckten den Boden mit Rasenstücken, die sie sich besorgt hatten.

Zur Abschlußpointe der Episode gehörte ein besonderer Schnörkel: Sie entführten zwei Schafe und banden sie im Zimmer der Zwillinge an, damit sie dort grasen konnten.

Der Sturz in die Tiefe

Eine ähnliche, ebenso verbreitete Studentengeschichte spielt in einer Art Großkotz-College, dessen Studentenwohnheim in einem Hochhaus untergebracht ist. Der Grund dafür wird gleich klar werden.

Ein ziemlich flegelhafter Student, der sich für den Größten hält, feiert seinen einundzwanzigsten Geburtstag mit einer Riesenfete. Während er weg ist, machen sich seine Kommilitonen daran, ihn von seinem hohen Roß runterzuholen. Sie schaffen seine gesamte persönliche Habe – seine Klamotten, sein Bett, jeglichen Schnickschnack und sämtliche Pin-Up-Fotos – aus seiner Bude im 16. Stock des Hauses und bauen alles in einem Zimmer im Parterre wieder auf, wobei sie darauf achten, daß alles genauso aussieht wie vorher.

Inzwischen ist der Lümmel sternhagelvoll und wieder mal aggressiv – was kein Wunder ist, denn man hat seine Drinks den ganzen Abend mit Fusel gespickt. Als die Kneipe zumacht, tragen seine Kumpane, die natürlich eingeweiht sind, ihn nach Hause. Im Lift sorgen sie dafür, daß er nicht sieht, welche Knöpfe sie drücken. Sie fahren mehrere Etagen rauf, dann wieder runter, laden ihn aus und bringen ihn in »sein« Zimmer. Als er drin ist, fangen sie an zu stänkern, bis er sich mit einem von ihnen prügeln will.

Sie fallen mit mehreren über ihn her, verbinden ihm die Augen, öffnen das Fenster und tun so, als wollten sie ihn hinauswerfen. Ein paar andere machen auf Panik und schreien »Hört auf, das überlebt er nicht!« Inzwischen hängt der Typ halb aus dem Fenster. Er glaubt, daß er im 16. Stock ist und gleich den Löffel abgeben muß. Als sie ihn dann loslassen, stürzt er einen Meter zwanzig in die Tiefe – und beschmutzt vor Schreck seine schicken Unterhosen . . .

NICHT TOTZUKRIEGENDE WEISHEITEN
Der Mensch an sich

- Daß der Mensch überhaupt sprechen kann, liegt daran, daß er zwei Daumen hat.
- Jeder hat das Zweite Gesicht, aber kaum einer weiß, wie er es anwenden soll.
- Wenn einem ein Gliedmaß abgehackt wird, spürt man nichts davon, weil man sich im Schockzustand befindet.
- Du weißt ja, was man über Kerle sagt: So wie die Nas' des Mannes, so ist auch sein Johannes.
- Du weißt ja, was man über Weiber sagt: Kleiner Mund, enge F . . .

- Kleine Menschen fühlen sich ständig angegriffen – das sieht man schon bei Napoleon.
- Dicke werden im Wasser immer nach oben geschwemmt.
- Dünne schwimmen nicht sehr gut.
- Am frühen Morgen ist man größer, und im Schlaf ist man leichter.
- In tausend Jahren wird sich der Mensch zu einem zwei Meter großen, einbeinigen, einfingrigen Kahlkopf mit einem Gehirn von der Größe eines Basketballs entwickelt haben.

SUCHMELDUNG

Falls Sie irgendwelche Großstadt-Sagen kennen, die Sie gern weitererzählen möchten, möchten wir sie gern hören. (Sollten Sie jedoch glauben, irgendein in diesem Buch beschriebenes Ereignis sei Ihnen *persönlich* widerfahren, kennen wir einen sehr guten Mediziner . . .)

Schicken Sie Ihre Geschichten bitte an:
Phil Healey und Rick Glanvill
Planet X, 97 St. John's Street
London EC1M 4AS

BIBLIOGRAPHIE

Dale, Rodney: *It's True . . . It happened to a Friend.* Duckworth 1984.
Brunvand, Jan Harold: *The Choking Doberman and Other »New« Urban Legends.* Norton 1986.

Frances, Yael, Ollie und unseren Familien und Freunden (sowie deren Freunden) gewidmet.

Danksagung

Phil Healey und Rick Glanvill möchten folgenden Menschen und Kneipen dafür danken, daß sie ihr Sagenwissen mit ihnen geteilt haben:

Tony Ageh, Robin Allen, Mick Armson, Sarah Ball, Albert Becker, Penny »Ounces to the Pound« Brunton, Andy Brice, Bill Broadhead, Billy Budd, Martin »Woosie« Bullock, Roy Carr, Gez »Spexo« Casey; dem Drucker Clare; Yael, Yona und Miriam Cohen; Paul »Big Ears«, »Blabbermouth«, »Juggler«, »Crojo« Crome, Diane Taylor, Julie Douglas, Big John Eichler, Andy Forbes-Gower; Bobbie, Johnny, Gary und Sarah Glanvill (den Glanvills), Steve Glennon, Bobby Greenland, Richard Greenleaf, Peter Hanington, Dave Heywood; Irene, Ray und Nigel Healey (den Healeys), David Hurran, Ian Hutchings; Joe vom *Guardian;* Joe aus Lagos; Scott und Mary Johnston (den Johnstons); Stuart Jones, Jamie Keenan, Dave Kimberley, Frances Lloyd, Guy Lloyd, John »Squaddie« Ludlam, Michael Patrick Aloysius McCoy, Dave Martin, Chris Morris, Al Nicholls, Chris Padmore; Al und Ceri Preston (den Prestons), Dave »The Avenger« und Jessica Rigg; Kathy Rooney, »Barney« McCarthy, Steve Rumney, John Sandford, Satwinder »Turban Myths« Sehmi, John »Skins« Skinner, Willie Smax, Sue Smallwood, Peter »Spanking« Spanton, Hilary Steele; Wing Commander Alex Stewart; Mick Suett, Dave Talbot, Chris Tarrant, Mark »Urgent« Urgent, Martin Vallis, Nigel Vernon, Carol Wilhide, Chippy Wood, Tim Woolgar; dem Three Kings in Clerkenwell, Vic Naylor's und The Hope in Smithfield.